하버드식 시간관리 켄트김의

TIME
Control your Time Maximize Your Life
BLOCK

하버드식 시간관리 켄트김의
TIME BLOCK

초판 인쇄 2017년 2월 20일
초 판 1 쇄 2017년 2월 27일

지 은 이 켄트 김

펴 낸 곳 물맷돌 / 수 엔터테인먼트
발 행 인 최남철
디 자 인 엔터디자인
총　　판 생명의 말씀사

출 판 등 록 제 306-2004-8호
주　　소 서울시 중랑구 망우본동 209-20
구 입 문 의 010. 9194. 3215

ISBN 979-11-86126-04-2 (13320)

값 12,000원

물맷돌은 수엔터테인먼트의 기독브랜드입니다.
이책은 수엔터테인먼트사가 저작권자와의 계약에 따라 발행한 것이므로
이 책의 내용을 이용하시려면 반드시 저자와 본사의 허락을 받아야 합니다.

잘못된 책은 구입처에서 교환하여 드립니다.

한국교회 양육전도 시리즈 1

하버드식 시간관리 켄트김의

TIME
Control your Time Maximize Your Life
BLOCK

Kent Kim 지음

물맷돌

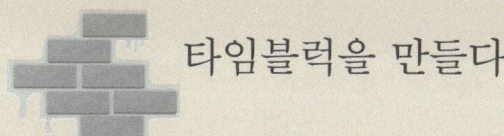

타임블럭을 만들다

3년이면 뭐가 만들어낸다

꿈이 있는 자가 꿈을 이루기 위해
필요한 것이 시간이다

시/간/벽/돌

Time has 4 colors

GOLD

BLUE

GREEN

PINK

성장, 발육, 자기계발

숲, 나무, 콩, 자라남

독학, 수련, 연습, 독서

TIME BLOCK

혼자 공부/수련하는 시간은 초록색이다

파란 하늘 파란 바다

모험, 체험, 만남, 경험

연극, 영화, 강의

TIME BLOCK

모든 새로운 체험은 파란색이다

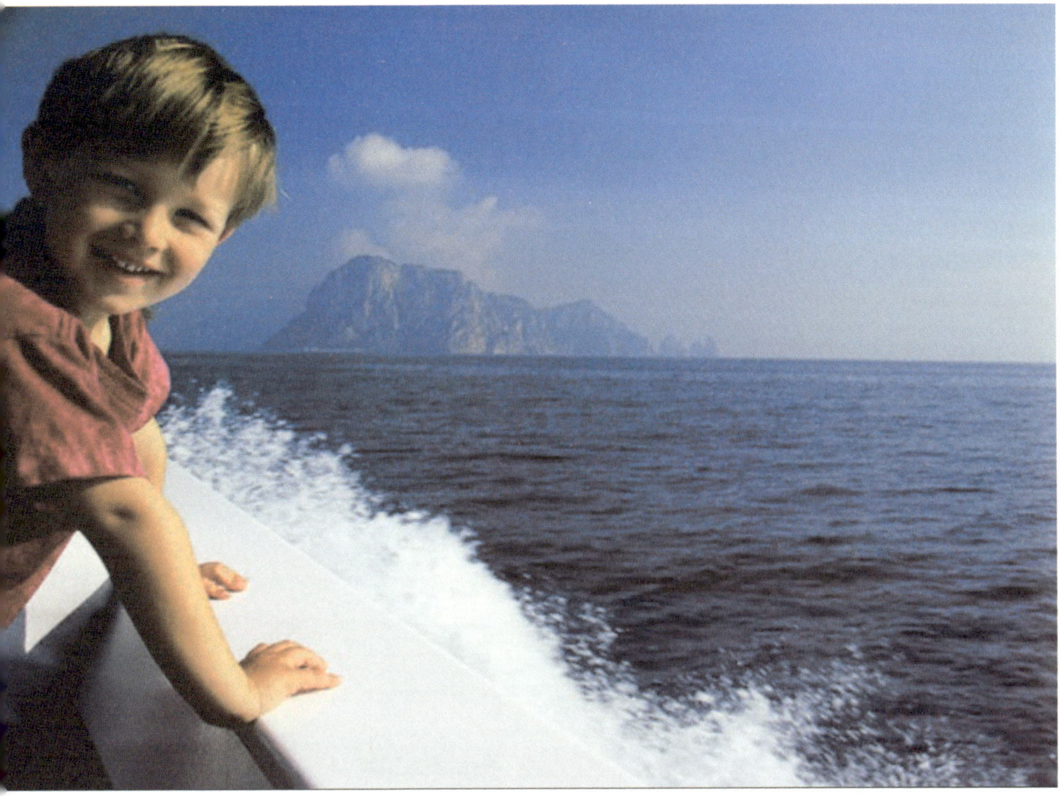

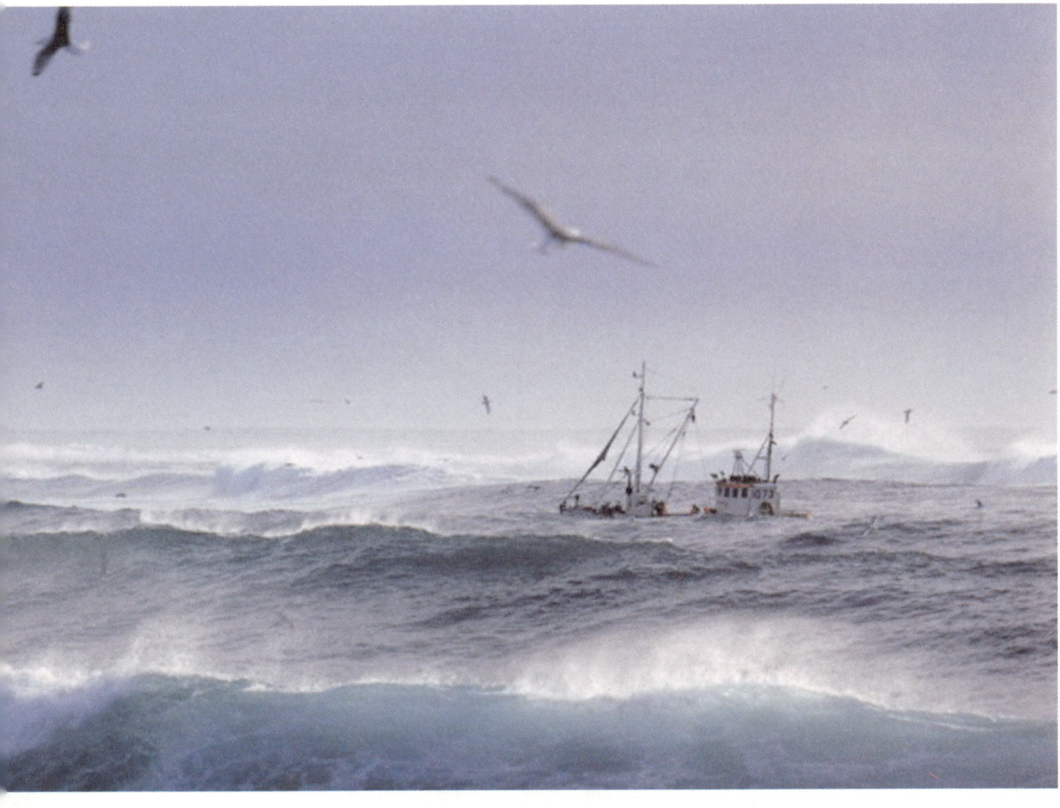

Make money, work

일하고, 돈버는 시간은 황금색이다

TV, sleep, game, date..

잠자고, 게임하고, 야동보고, 멍때리고 수다떨고 TV보고 무조건 모든 노는 시간은 핑크색이다

• 프롤로그

당신은 말한다. 항상 정신이 없다고. 너무너무 바쁘다고.
그래서 도저히 시간이 없다고.

정말 그렇게 생각하는가?
진짜 시간이 없는가? 아무리 당신이 바빠도 당신이 사랑하는 사람을 찾으면 그 사람을 위해 어떻게 해서든지 시간을 만들 것이다.

새로운 도전을 하기엔 너무 나이가 들어서 이제 힘들다고?
대학도 졸업하고 모든 것이 이미 늦어서 도저히 안 된다고?

당신은 또 교묘하게 당신만의 이유를 나열하고 있다.
모든 논리를 동원하여 당신을 합리화하고 있는지도 모른다.

맞다. 우리는 우리 스스로에게 너무나 관대하며 그럴싸하게 포장하며 산다. 어쩌면 인생은 가면 속에 진실을 가리며 사는 것일 수도 있다.

즉, 당신에게 시간이 없다는 것은 새빨간 거짓말이다.
죽은 사람에게만 시간이 없겠지.

오늘부터 바꿔야 한다. 타임블럭을 통해서 이제부터라도 자신에게 빠져나갈 구멍을 만드는 거짓말은 그만두도록 하라.

 지금까지 성공적으로 다른 사람을 속여왔는지는 몰라도 당신만큼은 속일 수 없다.
 맞다. 타임블럭의 시간개념은 먼저 자신에게 100% 솔직해지는 것이다. 인간은 인간이 생각하는 것만큼 착하지도 악하지도 않은 회색의 동물이다.
 우리는 탐욕에 나약하며 어느 누구나 죄를 저지를 수 있는 약한 존재라는 것을 인정하는 순간 우리에게 발전의 여지가 생긴다.

 지금까지 당신이 매년 목표로 했던 다이어트도 모두 환상뿐인 희망이었다. 멋진 몸매를 부러워하면서도 우리는 먹는다. 내일부터 시작하겠노라고. 언젠가는 저런 몸매를 가지겠노라고. 항상 미래로 미룬다.

… 미래로 미룰 것인가?

 내일이 좋은 이유는 오늘 할 일을 미룰 수 있기 때문이다.

 다이어트는 오히려 더 먹기 위한 변명이었다.
 다이어트를 한다고 선포를 하고 폭식을 하며 더 먹으면서도 항상 자신은 다이어트 중 이라고 말하기도 하니까.

우리는 절실하지 않기 때문에 이루지 못하는 것이다.

당신이 다시 공부를 시작하기엔 나이가 많다고?
눈이 침침하다고?
그렇게 말하는 사람들이 나이가 어렸을 때는 과연 열심히 했을까?

당신이 무엇인가 도전하기엔 너무 어리다고?
아직 머리에 피도 안 말라서 뭐가 뭔지도 모르는데 어떻게 성공하냐고?

맞다. 그래서 한국에선 빌 게이츠나 마크 주커버그 같은 인물이 나오기 힘들 수도 있다.
하지만 오늘부터라도 거짓말은 중단하라.
당신 자신에게만큼은 스스로를 속이는 것을 그만하라.
거짓말, 핑계, 변명이 아닌 솔직하고 담백하게 진실을 받아들이기로.

타임블럭은 앞으로의 인생에 새로운 패러다임을 제시하고자 한다.
삶, 인생, 시간, 돈, 성공, 실패 그리고 나이.

매일매일 우리는 끊임없이 새로운 사람을 만난다.
만나면 제일 먼저 그 사람의 나이를 묻고 그 사람의 거주지역을 파악한다.

대략 그 사람의 연봉이나 재산을 파악하고 난 후
나보다 잘나고 성공한 사람은 자주 연락을 하면서도 부러워하지만
나보다 못난 사람은 연락처도 삭제를 해버린다.
그리고 주위의 실패한 사람들을 보면서 무시하고 스스로를 안도하면서 살아간다.

나이가 많다고, 시간이 없다고 더 이상 거짓말하지 마라.

타임블럭을 하면서 가장 먼저 해야 할 일은 '이제부터 내가 정말 하고 싶은 일을 위해 시간을 써야겠다' 라는 다짐부터 세우는 일이다.
나이가 많건 적건, 시간이 많건 적건, 당신에게 시간은 아직도 많이 남아 있다는 것을.

이제부터 타임블럭을 시작한다.

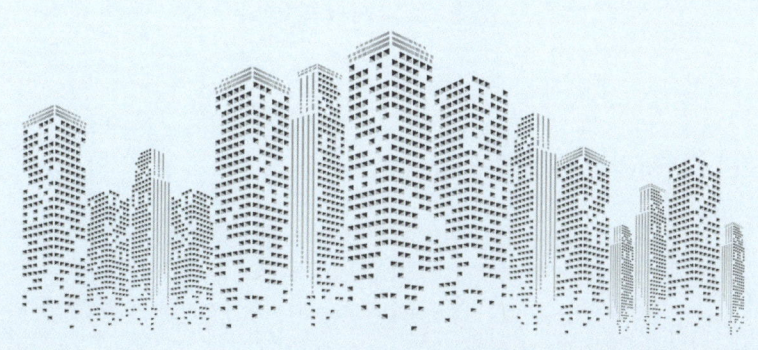

차
례

프롤로그 _ 18

Step 1. 왜 시간관리가 필요한가? _ 25

오늘부터 나이에서 해방돼라, 제발 / 당신만의 걸작_ 당신의 명작을 위해 몇 년을 바치겠는가? 낭비해봐야 시간의 소중함을 안다 / 현재보다 더 멋진 몸매를 갖고 싶은가? / 당신은 지금 행복한가? / 부자가 되고 싶은가? / 독서의 시간을 만들라 / 늦었지만 괜찮다 / 빈익빈 부익부의 이유 / 커다란 실패는 최고의 선물이다 / 이 세상의 냉정한 진리 / 한국은 어떤 나라인가? / 대한민국 10대는 시간관리를 할 시간조차 없다

Step 2. 시간의 성을 사수하라 _ 63

시간의 성을 공격하는 좀비들_ 웹서핑, 온라인게임, 도박, 담배, 술, 쓸데없는 전화, 변명이나 핑계, 쓸데없는 걱정, 허풍, 물건 찾는 데 보내는 시간 / 시간의 성을 지키는 군사들_ 책, 음악, 무엇인가 새로운 곳 찾기, 언어, 글쓰기, 기발한 생각, 운동 / 돈은 아군도 적군도 될 수 있다_ 돈이 무서운 적군이 되어 올 때, 돈이 성을 지키는 아군이 될 때 / 10년 후 당신의 돈은 어디에 있는가?

Step 3. 시간관리 어떻게 할 것인가? _ 105

성공을 선택한 사람들, 실패를 선택한 사람들 / 행복을 선택한 사람들, 불행을 선택한 사람들 / 가난을 선택한 사람들, 부자를 선택한 사람들 / 불평만 하는 사람, 칭찬만 하는 사람 / 노예가 되기 위해 태어난 사람, 자유를 얻기 위해 태어난 사람, 노예가 아닌 자유인이 되기 위해 시간관리를 하라

Step 4. 타임블럭이란? _ 127

시간이란 무엇인가?_ 시간은 피와 같다, 시간에도 에너지가 있다, 시간에도 소리가 있다, 시간에도 향기가 있다, 시간에도 맛이 있다, 시간은 기체(vapor)이다 / 타임블럭으로의 여행에 앞서서 / 하버드는 시간관리를 가르쳐주는 곳이다 / 기록은 내 행동의 거울이다 / 기록하면 성공한다 / 시간을 벽돌로 만들어라 / Record Real Time (RRT) : 실시간으로 기록하라 /
Color Code your Time (CCT) : 시간을 컬러코드하라 / 시간에 4가지 색깔의 옷을 입히면 마법처럼 시간이 보인다 / 미래의 성주가 되려면 기록의 벽돌부터 쌓아라

Step 5. 타임블럭으로 성을 쌓아라 _ 167

당신은 지난 10년간 타임블럭을 어디에 쌓았는가?_ 시간의 벽돌을 쌓아 성을 만든 사람, 시간의 바람에 날려 무덤만 남긴 사람, 공부는 input하는 시간, 창조는 output하는 시간, 입은 에너지를 발산하는 정교한 안테나이다 / 창조적 타임블럭을 쌓으라_ 창조적 타임블럭을 무너뜨리는 사람이 있다, 최고의 천재는 1등이 아니라 창조적 타임블럭을 쌓는 사람이다

Step 6. 타임블럭을 쌓아야 할 이유들 _ 187

후회를 해본 사람만이 진정한 시간관리를 시작한다 / 나쁜 꿈을 꾸는 사람, 좋은 꿈을 꾸는 사람 / 당신의 꿈이 무엇인지 표현할 수 있는가? / 세상에는 너무나도 꿈꿀 것이 많다 / 실천하지 않을 것이라면 처음부터 꿈을 꾸지 마라 / 지금부터 새로 시작하라

Step 7. 타임블럭 어떻게 시작할 것인가? _ 219

먼저 당신부터 감동시켜라 / 당신 가족부터 감동시켜라 / 감동의 시간을 드리는 사람이 되어라 / 죽어서도 감동을 주는 사람이 되어라 영원히 감동을 주는 천재가 되어라 / 우리는 감동받기 위해 태어난 사람, 당신은 감동 주기 위해 태어난 사람

에필로그 _ 235

Step 1

왜 시간관리가 필요한가?

TIME BLOCK

오늘부터 나이에서 해방돼라, 제발

대부분의 한국인이 가장 중요시하는 두 가지가 뭔지 아는가? 바로 돈과 나이다.

외국에서는 사람을 만나면 그 사람의 나이부터 물어보지 않는다. 이것은 한마디로 예의가 없는 짓이다. 만나자마자 누군가 당신의 체중을 묻는 것과 다를 바 없다.

그렇다면 우리나라 사람들에게는 어째서 이런 습관이 생겼을까? 그 이유는 나이에 따라 위아래를 나눠 차별하는 유교문화 때문이다.

이 사회 곳곳에서는 아직도 나이로 엄청난 차별을 한다. 여자 아나운서도 나이가 많고 결혼을 하게 되면 바로 해고조치를 해버린다. 남자도 45세가 넘어가면 사오정(?)이 되고 명예퇴직대상자가 되어버리고 만다. 어느 순간 60대를 넘어서버리면 노인들은 어디를 가야 할지 모른다. 어쩌면 한국 사회는 돈으로 차별하고 나이로 차별하는 곳이 아닐까? 인종차별은 없지만 지역차별, 학벌차별, 나이차별이 극명하게 존재하고 있는 곳이다.

그럼에도 불구하고 나는 당신에게 부탁한다.

"오늘부터 나이에서 해방되십시오."

나이가 어리면 어리다고 불평한다. 나이가 들어야만 성공하는가?
나이가 많으면 많다고 불평한다. 꼭 나이가 젊어야만 성공하는가?

도전 앞에 나이의 제한은 없다. 재미난 예들을 소개하겠다.

83세에 소아과 의사 벤자민 스포크는 세계평화를 위한 데모를 하다가 체포되었다.
87세에 매리 에디는 크리스천 사이언스 모니터를 설립했다.
87세에 추리소설 작가 필리스 휘트니는 71번째 작품을 발표했다.
88세에 도리스 트라비스는 오클라호마 대학에서 졸업장을 얻었다.
91세에 훌다 크룩스는 미국 대륙의 제일 높은 휘트니 산을 정복했다.
91세에 폴 스팡러는 1,500m를 52분에 수영하였다.
92세에 폴 스팡러는 14번째 마라톤을 완주했다.
95세에 마르타 그라함은 마지막 무용 공연을 했다.
96세에 캐서린 에베레트는 변호사 개업을 했다.
98세에 도예가 베아트리체 우드는 마지막 작품 전시회를 열었다.

99세에 데이비드 유진 레이는 영어읽기를 깨우쳤다.
99세에 피아니스트 미예치슬라프 호르소프스키는 새 앨범을 냈다.
99세에 귄 나리타와 진 카니는 일본에서 CD음반을 냈다.

아직 희망은 남아 있다.

당신만의 걸작

당신에게 성공이란 무엇인가? 단지 돈만 많은 것인가? 커다란 100평짜리 빌라에 살고 외제 자동차 2~3대를 굴리면서 자녀를 외국으로 조기유학 보내는 것인가? 어떤 사람에게는 이것이 성공의 꿈일 수도 있다.

일 년에 100만 원씩이라도 기부를 하면서 자신이 하는 일에 보람을 느끼면서 사는 것은 어떠한가? 이것 역시 성공의 정의일 수 있다.

당신에게 성공이란 무엇인가? 중요한 것은 다른 사람이 아닌 당신만의 성공이 무엇이냐 하는 것이다.

당신은 지금 행복한가? 아니면 불행한가?

대부분의 젊은 사람도 100% 행복한 사람은 없지 않을까?

결국 행복하게 살기 위해 시간관리를 하는 것이다. 성공하기 위해 시간관리를 하는 것이다.

한국 사람으로서 우리는 시간을 어떻게 쓰고 있는가?

대한민국에서 10대는 대학을 위해 모든 시간을 투자하는 시간이다.

대한민국에서 20대는 대학 졸업과 직장 찾기, 그리고 사랑하는 짝을 찾는 시간이다.

30대에 들어가서야 결혼을 하고 자녀를 낳고 재산을 모으고 사회에서 인정받기 위한 초석을 다지는 시간을 보내게 된다.

40대가 되면 누가 사업에 성공했는지, 누가 결혼에 성공했는지 윤곽이 드러나는 시기이다.

이 책은 당신이 성공하기를 기원하는 마음으로 쓰인 책이다. 또한 이 세상에서 가장 싸우기 힘든 자기 자신과의 싸움에서 이길 수 있도록 도움을 주기 위해 쓰인 책이다. 그리하여 TV와 컴퓨터게임, 술과 흡연 등 이 세상의 무수히 많은 유혹들에게 이기고 당신 삶의 주인이 될 수 있도록 도움이 되고자 한다.

준비되셨는가?

호흡을 들이마시고 함께 여행을 떠나겠다.

자, 이제 제 손을 잡으시라.

당신과 함께 우리의 시간에 대해 생각해보는 시간이 시작된다.

이 세상에 당신이 태어난 이유가 있었다는 것을 아는가?

당신은 그냥 태어난 것이 아니다.
바로 당신이 이 세상을 밝혀주기 위해 태어났다는 것을 아는가?
한국만이 아닌 세상의 빛이 되기 위해 태어났다는 것을 느끼는가?

당신은 세상의 빛이 될 것이다.
당신은 정말 멋진 사람이 될 것이다.
정말 멋진 것을 만들어서 많은 사람들을 감동시킬 것이다.
많은 사람들이 당신을 만나고 싶어 하고 존경하게 될 것이다.
당신이 만든 걸작은 당신이 죽고 나서도 대대손손 읽혀지고 쓰일 것이다.

에디슨이 만든 전구 밑에서 당신이 공부하고 있듯이
라이트 형제가 만든 비행기를 타고 전 세계를 돌아다니듯이
세종대왕이 만든 한글로 공부를 하고 있듯이
당신은 반드시 당신만의 걸작을 만들 것이다.
우리는 당신의 걸작을 기다릴 것이다.
당신은 그분의 아들이다.
당신은 그분의 딸이다.
당신은 그분의 위대함을 입증하기 위해 태어난 분이다.
당신이 믿거나 믿지 않거나 이것은 별로 중요하지 않다.
중요한 것은 당신이 계획대로라면 엄청나게 위대한 걸작을 만들 것이라는 것이다.

그 녀석의 방해만 없다면…….

TIME BLOCK
당신의 명작을 위해 몇 년을 바치겠는가?

마가렛 미첼은 〈바람과 함께 사라지다〉를 쓰기 위해 자료 수집에만 20년을 바쳤다. 에드워드 기번은 〈로마제국 쇠망사〉를 쓰는 데 20년을 바쳤다.

웹스터는 웹스터 사전을 만드는 데 36년을 바쳤다.

제임스 조이스는 율리시즈를 만드는 데 8년이 걸렸다. 900페이지의 이 소설은 단 하루 동안에 일어난 사건을 기록한 것이다.

모차르트는 위대한 음악을 우리에게 선물로 주었다.

피카소는 열정적인 미술작품을 우리에게 선물로 주었다.

에디슨은 셀 수조차 없는 수많은 발명품을 선사해주었다.

월트 디즈니는 예술적인 만화로 이 세상의 모든 아이들에게 꿈과 희망을 심어주고 있다.

살아 있어도 살아 있는 것이 아니고 죽어도 죽은 것이 아니라는 것을 아는가?

어떤 사람은 죽어도 살아 있고 어떤 사람은 살아도 죽어 있다.

당신도 언젠가는 누군가에게 기억이 될 것이다.

당신은 무엇으로 어떻게 기억에 남고 싶은가?

당신의 부모님에게 어떤 아들, 딸로 남고 싶은가?

당신의 아이들에게 어떤 아빠, 엄마로 남고 싶은가?

우리는 모두 명작을 남기기 위해 태어난 것이다.

어떤 명작을 남길지는 당신이 결정하는 것이다.

재미난 것은 당신이 결정하는 대로 된다는 것이다.

우리의 삶은 우리가 생각하는 대로 이루어지게끔 만들어졌다는 것이다.

당신은 어떤 명작을 남기고 싶은가?

낭비해봐야 시간의 소중함을 안다

하루조차 열심히 살지 못하는 사람은 일주일도 쉽게 낭비해버리고 만다. 일주일조차 뚜렷한 목표 없이 사는 사람은 1년도 쉽게 허비해버리고 만다.

세상은 절대로 평등하지 않다. 어떤 부모님을 만나느냐, 어떤 나라에서 태어나느냐에 따라 우리의 운명은 영향을 받게 된다. 다만 하루에 24시간이 주어진다는 것, 그것 하나만큼은 모두에게 평등하다. 하지만 똑같은 24시간도 어떤 사람에게 주어지느냐에 따라 다르다.

고등학생의 24시간, 대학생의 24시간, 의사의 24시간, 대리의 24시간, 부장의 24시간, 회장의 24시간, 대통령의 24시간……. 이 사람들은 어떻게 시간을 보낼까? 모두 다를 것이다.

10대의 시간을 알차게 쓰는 사람은 시간이 갈수록 점점 성공하고 부자가 될 확률이 높아진다. 한편 10대에 잘못된 시간습관을 기른 사람은 20대와 30대가 되어도 끊이지 않는 시간낭비로 인해 점점 가난해지고 실패하는 습관을 만들어가게 될 것이다. 이런 사람에게는 아무리 시간을 주어도 결과는 똑같은 경우가 많다. 당신에게 주어진 시간을 어떻게 쓰느냐가 당신의 운명을 결정한다. 우리는 이 사실을 이미 모두 알고 있다. 하지만 이 말을 진심으로 느끼는 사람은 드문 것 같다.

대한민국의 10대들은 '놀지 마라', '공부해라'와 같은 말들만 듣고 사춘기를 보내곤 한다. 대학 입학이라는 원대한 목표 아래 너무나 많은 것을 희생하도록 강요받은 청소년들이 고생 끝에 대학생이 되면 지나친 자유를 갈구하면서 많은 시간을 낭비하는 습관을 들이기 쉽다. 이렇게 대학 4년간 멋대로 놀면서 시간을 보낸 사람은 반드시 후회하게 되어 있다. 함부로 시간을 보낸 사람에게는 어떠한 성공도 없기 때문이다. 아무리 좋은 대학을 졸업했다고 해도 성적이 좋지 않으면 직장도 구할 수 없는 시대이다. 졸업장 이외의 경력이 없으면 무엇도 할 수 없는 시대이기 때문이다. 끊임없이 노력하지 않으면 성공할 수 없는 무한경쟁이 아니라 무한전쟁의 시대이다.

오늘, 바로 지금 이 순간, 당신의 하루는 어떻게 쓰이고 있는가?

매일 TV는 몇 시간 시청하고 있는가?

매일 인터넷 서핑은 몇 시간 하고 있는가?

매일 컴퓨터게임은 몇 시간 하고 있는가?

매일 몇 병의 소주나 맥주를 마시고 있는가?

한 달이면 얼마의 유흥비를 쓰고 있는가?

담배를 피운다면 매일 몇 갑을 피우고 있는가?

매월 담배로만 얼마를 쓰고 있는지 계산해보라.

1갑이라면 * 30일 = 30갑 * 한 갑의 가격 = ?

자, 그렇다면 당신의 꿈을 이루기 위해서는 몇 시간을 투자하고 있는가?

당신만의 목표를 이루기 위해 무엇을 희생하고 있는가?

당신이 대학생이라면 수업시간은 엄밀히 제외해야 한다. 그것은 모든 대학생들이 하는 것이기 때문이다. 필수사항일 뿐이다. 당신만의 프로젝트를 위해 시간을 써야 한다.

마찬가지로 당신이 직장인이라면 근로시간은 엄밀히 제외해야 한다. 퇴근만 하면 피곤하다? 그래서 다른 것은 아무것도 못 하겠다? 그것은 거짓말이다. 젊은 직장인이라면 더더욱 자신을 차별화하기 위해 짬을 내어 자격증을 따건 어학실력을 늘리건 아무도 모르게 자신의 실력을 쌓아야 한다. 회식을 하면서 접대공력을 늘려야 한다? 진짜

CEO는 아첨꾼보다 실력꾼을 좋아한다. 아부의 힘보다 실력의 힘을 기르는 것이 더 오래간다. 특히 제대로 된 회사에서는 말이다.

TIME BLOCK
현재보다 더 멋진 몸매를 갖고 싶은가?

아놀드 슈워제네거와 이소룡은 매일 운동을 할 때 철저하게 기록을 했다고 한다. 멋진 몸매는 공짜가 아니다. 먹고 싶은 것을 다 먹으면서 멋진 몸매를 바라지 말아야 한다.

몸매는 좋아지고 싶지만 음식과 술을 포기하려고 하지 않는다.
건강은 중요하다고 하지만 담배와 술은 포기하려고 하지 않는다.

평소에 운동을 하지 않은 사람이 중병에 걸려서야 갑작스레 운동을 시작한다고 해서 잃어버린 건강이 돌아오지는 않는다. 우리의 몸은 서서히 망가지는 것이다. 우리의 몸은 갑자기 나아지지 않는다.
시간관리를 하는 이유도 건강을 위해서이다. 몸매는 자신감이다. 운동을 하지 않으면 헛살이 찌게 된다. 음식을 조절하지 않아도 마찬가지이다. 건강하지 않은 사람은 살이 찌게 된다.
성공하는 사람들은 운동을 위해 사는 것처럼 보일 때도 많다. 일보다 운동이 더 중요하게 보이기도 한다. 우리가 일을 하는 이유는 건강하게 살기 위함이 아닌가? 일보다 운동이 더 중요하다는 것을 아는가? 아무리 일이 좋아도 건강을 잃으면 모두 끝나버리고 만다.

시간관리를 하는 이유는 건강하게 살기 위해서이다. 자칫 잊히기 쉬운 가장 소중한 것을 먼저 하기 위해서이다.

TIME BLOCK
당신은 지금 행복한가?

행복하지 않은 것은 자신의 삶에 최선을 다하고 있지 않기 때문에 일어나는 현상이다. 행복은 고민하는 사람에게 가지 않는다. 행복은 행동하는 사람에게 주어지는 것이다. 행복은 행동에 있다. 즉, 움직이는 순간에 행복이 있다는 것이다.

왜 돈만 많은 부자가 불행할까? 정작 행복을 나눌 수 있는 사람이 없다면 아무리 돈이 많아도 불행할 것이다. 무인도에 혼자 사는 억만장자가 행복할까? 행복은 함께 느끼는 순간에 있다. 행복은 혼자 누리는 것이 아니라 여럿이서 느낄 때 그 효과가 더 커지는 것이다.

2002년 월드컵 때 당신은 혼자 행복했는가? 당신 혼자만 행복한 것이 아니라 한국 사람들 모두 함께 행복했기에 우리 모두 잊을 수 없는 추억을 만든 것이다. 우리가 스포츠에 열광하는 이유는 함께 행복해질 수 있는 순간을 만들어주는 매개체이기 때문이다.

행복하지 못한 것은 부족하기 때문이다.

'더 좋은 학교에 가고 싶었는데……'

'더 말 잘 듣고 예쁜 부인과 살고 싶었는데……'

'더 돈 많고 내 말 잘 듣는 180cm 이상의 남편과 살고 싶었는데……'

대부분의 사람들이 행복을 느끼지 못하는 이유는 결국 자신의 친척과 친구보다 더 많은 돈을 갖고 싶은데 갖지 못했기 때문이다. 한마디로 욕심 때문이다. 말 잘 듣는 자녀를 두고 싶었는데 그런 자녀를 갖지 못한 사람도 불행하다고 생각한다.

하지만 이 세상의 어느 누구도 모든 것을 가진 사람은 없다. 아무리 부자라도 모자란 부분이 너무나 많다는 것을 아는가? 아무리 가난해도 풍요로운 부분이 많다는 것을 아는가? 부족 속에서 만족을 누릴 줄 아는 것이 행복의 첫걸음이 아닐까? 자신이 가진 것을 보지 못한 채 남들의 것만 좋아 보이면 항상 자신의 부족한 부분만 보고 살게 될 것이다.

시간관리를 하는 이유는 행복하게 살기 위해서이다. 왜냐하면 불행을 느끼면서 살면 병에 걸리기 때문이다. 불행하다고 생각하는 감정은 스트레스이다. 행복하게 살지 않으면 빨리 죽게 된다. 안 그래도 짧은 인생을 왜 더 빨리 보내려고 하는가?

스트레스받고 살면 살수록 암에 걸릴 확률도 늘어만 간다.

TIME BLOCK
부자가 되고 싶은가?

 부자학 책을 공부해보면 재미난 것이 있다. 처음부터 부자였던 사람은 없었다는 것이다. 아무리 부자라도 1번 타자가 있기 마련이다.
 부자는 부자가 된 과정을 가르칠 수 있다. 하지만 가난한 사람은 부자가 되어본 적이 없기에 자신의 자녀에게 어떻게 부자가 되었는지 가르쳐줄 수가 없다.
 부자가 되려면 반드시 부자를 공부해야 한다. 그리고 행동해야 한다. 무엇이든 한 분야에 관심을 갖고 열정을 갖고 배우고자 한다면 서점에서 그 분야에 관한 책을 최소한 50권은 보아야 한다.

 부자가 된다는 것은 다르게 살겠다는 것이다. 부자의 마인드와 부자의 사고방식을 배워야 한다. 졸부의 마인드가 아니라 풍요로운 마인드를 뜻한다.
 재미난 사실은 나쁜 것은 배우기 쉬우나 좋은 것은 배우기 힘들다는 것이다. 나쁜 것은 재미있지만 좋은 것은 대개 재미가 없기 때문이다.
 부자가 되기 위해서는 시간관리를 해야 한다. 시간관리를 하지 않으면 부자가 될 수 없다.

 나는 부잣집 아들이 아니다. 한때 다른 부자들을 원망하기도 했었고 부잣집 아이들을 저주하기도 했다. 세상에 전쟁이 나서 모든 부자들이 망하거나 그들의 재산을 빼앗아 나누어주기를 기도했던 적도 있었다. 하지만 나이가 들면서 이런 생각이 얼마나 유치하고 어리석은 생각인지 깨닫게 되었다.

도대체 부자들은 어떻게 부자들이 되었을까? 서점에서 부자들의 책을 읽으며 느낀 것이 있었다. 부자가 된 사람들이 대부분 가난했었다는 점이다. 물론 한국은 예외지만 말이다. 하지만 포기하지 않고 끝까지 노력해서 결실을 맺은 가슴 뭉클한 이야기들을 읽으며 다짐을 하게 되었다.
'그래, 누구든지 부자가 될 수 있어.'
하지만 노력을 해야 한다. 세상에 공짜는 없다. 끊임없이 도전하고 부딪히는 그들의 도전정신을 보면서 나도 책 속에서 에너지를 먹었다.
그런 면에서 나는 아직도 성공하지 못했다. 몇십 억, 몇백 억, 몇천 억을 소유한 사람도 아니다. 하지만 포기하지 않고 앞으로 나아가고 있다. 꼭 부자가 되어야만 성공한 사람이라고 할 수 있는 건 아니기 때문이다. 무엇이든 포기하지 않고 노력하는 자세를 갖고 있다면 이미 그 사람은 오늘 성공하는 삶을 살고 있다고 말할 수 있지 않을까?

좋은 변화는 책이 대신 해주는 것이 아니다. 진정한 변화는 책을 읽은 당신이 스스로 해야 하는 것이다. 부자가 되는 것도 책만 읽는다고 다 되는 것이 아니라 당신의 행동이 변해야 한다. 책 속의 내용이 아무리 좋아도 당신 삶에서 실천하지 않으면 아무런 소용이 없다. 서울대를 나왔다고, 연고대를 나왔다고, 아이비리그 대학교를 나왔다고 해서 저절로 성공하는 것도 아니다. 학교가 당신을 성공시켜주는 것이 아닌 이유에서다. 졸업장이 주는 단기적인 영향력에만 기대서는 안 된다. 오로지 당신만이 당신을 성공시키는 것이다.

주식을 하겠다고 책 두세 권 정도 읽은 사람이 최소 500권 이상 읽어본 사람과 대적하면 결과는 어떻게 될까? 밥값과 술값으로 매월 20~30만 원, 심지어 200만 원씩 쓰는 것은 아끼지 않으면서 책값에 10만 원, 20만 원 쓰는 것은 벌벌 떠는 이유는 무엇일까?

밥값도 아껴서는 안 된다. 좋은 것을 먹어야 건강하기 때문이다. 하지만 한국의 젊은이들은 인스턴트음식은 많이 먹으면서 술값은 아끼지 않는 경우를 많이 보았다. 술값은 아껴야 한다. 그리고 책값은 아끼지 말아야 한다. 특히 부자가 될 사람은 책에 돈을 아끼지 않는다.

세상의 진리는 부지런한 사람이 반드시 부자가 된다는 것이다. 그리고 게으른 사람은 반드시 실패한다는 것이다. 당신은 어떻게 살고 있는가? 부지런히 살고 있는가? 게으르게 살고 있는가?

이 세상 사람 모두는 속여도 당신 자신만큼은 속일 수 없다. 지금 이 한마디는 당신의 심장을 찌르는 나의 대침이다. 언젠가 그날이 올 것이다. 당신 스스로 당신에게 내뱉는 말을 듣는 날이.

어떤 사람은 이렇게 말할 것이다. "젊은 시절 왜 나는 열심히 살지 않았을까?"

그리고 어떤 사람은 이렇게 말할 것이다. "젊은 시절 열심히 살지 않았다면 내가 저렇게 되었겠지?"

TIME BLOCK
독서의 시간을 만들라

책을 읽는 사람은 점점 더 성공하게 된다.
책을 읽는 사람은 점점 더 똑똑해진다.

누구나 아는 이야기다. 하지만 대한민국의 10대는 자율적으로 책을 읽기보다는 문제집을 외우고 있다. 진정한 의미의 독서는 없다. 대한민국에서 진정한 독서가 이루어지는 것은 대학생이 되어서야 가능한 이야기다. 하지만 정작 대학생이 되고 나면 술을 배우게 되고 미팅을 하면서 놀기 시작한다. 정말 책을 좋아하는 사람을 제외하곤 책을 읽는 사람의 수가 미국이나 일본에 비하면 아직도 비교할 만한 위치가 아니다.

몇몇 한국인들은 대한민국의 기형적인 입시교육이 세계 최고라고 생각한다. 그리고 한국 학생들의 실력이 다른 나라 아이들보다 월등하다고 착각하고 있다.

하버드 재학 시절 방문했던 북경대학교, 동경대학교, 싱가포르 대학교는 국제적으로 서울대학교보다 월등히 나은 교육기관이며, 그 학생들은 한국의 최고 명문대 학생에 결코 뒤지지 않았다. 내가 놀란 것은 풍부한 경제력이었다. 도서관은 에어컨이 쌩쌩 돌아가고 있었다. 대학교의 경쟁력은 학생들의 머리만이 아니라 그 머리들이 공부하는 환경도 함께 포함되는 것이라는 것을 깨닫게 되었다. 미국은 동네마다 도서관이 지어져 있었고 어떤 숙제를 하건 도서관을 빼고는 상상조차 할 수 없다. 미국의 힘은 도서관에서 나온다.

한국의 삼성이나 LG 같은 대기업들이 대한민국의 위상을 높이고 있다. 이들이 성공하는 이유는 한국 교육기관에서 암기교육을 잘 받은 한국의 학생들 때문이 아니라 자체적으로 진정한 의미의 교육을 시키고 있기 때문이다. 몇 년 전 삼성의 인사부에서 오래 일하셨던 분이 한국의 대학생들을 얼마나 새로이 교육을 시켜야 하는지에 대해 열변을 토하시는 것을 들은 적이 있다.

어떻게 보면 대한민국에서 진짜 공부가 시작되는 것은 회사에 들어가면서부터다. 대기업의 후원이 없으면 대학교에서도 제대로 된 환경을 제공하지 못하는 경우가 많다. 진정한 의미의 대한민국 인재는 대학교가 만드는 것이 아니라 기업이 만들고 있는 것일 수도 있다.

이와 같이 대한민국의 학벌교육에 독서는 없다. 창조적인 교육은 더더구나 없다. 재미난 것은 한국의 지식층이 모두 자식들을 미국 같은 선진국에서 창조적인 교육과 독서공부를 시키고 있다는 것이다. 내가 미국에서 공부하면서 느낀 것은 한국의 정치가, 교수, 기타 전문인들의 자녀들이 거의 미국에서 공부하고 있다는 사실이었다.

대한민국의 고등학교와 대학교를 빠른 시일 안에 발전시키려면 어떻게 해야 할까? 상상력을 동원해본 결과, 만약 앞으로 대한민국의 국회의원, 정치가, 교수, 전문인의 자녀는 아들, 딸 구분 없이 필수적으로 한국에서 고등학교와 대학교를 가야 한다고 공표하면 한국의 고등학교, 대학교는 빠른 속도로 발전하지 않을까? 물론 가능하지는 않겠지만 말이다.

우리는 한국에서 우리만 보고 산다. 그래서 착각에 빠지기가 쉽다. 한국 엄마들이 교육에 치맛바람을 일으킨다고? 오히려 유태인 엄마들이 우리보다 교육에 더 열성적이면 열성적이지 전혀 뒤지지 않는다. 암기교육이 아니라 독서교육과 컴퓨터, 창조교육에 미쳐야 한다. 학벌에 미치는 것이 아니라 실력에 미쳐야 한다. 인도인과 중국인 중에서도 뛰어난 인재가 많다.

학벌을 위한 문제집을 많이 보는 것은 공부가 아니라 단순암기다. 문제집은 진정한 의미의 책이 아니다. 그 이름처럼 시험을 위한 문제 모음집일 뿐이다. 대한민국의 입시교육은 진정한 의미의 공부가 아니다. 창의적인 사고력은 전혀 요구하지 않는 단순무식형 암기훈련일 뿐이다. 초등학교부터 시작하는 장시간의 정신적, 육체적 고문과정일 뿐이다. 매년마다 입시체제는 바뀌고 매년마다 시험지와 답안지를 빼내는 학교, 학원, 기관 선생님들 사이에서 우리가 배우는 것은 한국 교육에 대한 실망뿐이다. 그리고 수많은 기러기 아빠들은 홀로 남아 돈을 벌어다 보내주는 구조다. 자기 자식에게 교육시키겠다는데 어느 누가 말릴 수 있는가? 이산가족이 되어가면서까지 공부를 위해 가족이 희생하는 모습을 보고 나 또한 그런 길을 걸은 사람으로서 뒤처진 한국의 교육이 하루빨리 성장해서 세계 10대 교육선진국의 하나가 되기를 진심으로 기원한다.

사실 내가 미국에서 경험한 하버드는 시험을 위한 교육이 아니라 책을 많이 읽히는 교육이었다. 한마디로 미국의 힘은 책이었다. 비록 방만한 전쟁으로 최근 미국의 위치는 많이 흔들리고 있지만 오늘의 강한 미국을 만든 것은 영국에서 건너온 이민세대들의 성공에 대한 강렬한 열정, 그리고 앤드류 카네기 같은 대 기업가의 도서관을 향한 엄청난 기부였다. 즉 부자들의 기부로 만들어진 지식창고들이 미국의 성장을 만들어낸 것이다. 벤자민 프랭클린도 책벌레였고 에디슨도 책벌레였다. 빌게이츠도 마찬가지다. 책이 미국을 만든 것이다.

내가 시간관리를 하는 이유는 더 많은 책을 읽기 위해서다.
내가 돈을 버는 이유는 더 많은 책을 사고 싶기 때문이다.

나는 원래 만화책을 좋아했지만 이제는 모든 분야의 책을 좋아하게 되었다. 만화책에서 시작한 책에 대한 사랑이 학업에 대한 열정으로 이어져 미국에 건너간 지 3년 만에 하버드에 진학할 수 있게 만들어주었다. 책이 오늘의 나를 만들었다고 해도 과언이 아니다.

책이 재미없는가? 아직 제대로 된 재미난 책을 읽어본 적이 없어서이다.

당신이 성공하면 할수록 점점 더 책과 가까이 지내게 될 것이다.

TIME BLOCK
늦었지만 괜찮다

나도 한때 자학했던 적이 있었다. 극도의 우울함에 빠졌고, 스스로를 미워하고 채찍질하며 살았다. 내 모습에 불만족했기 때문이다. 당신도 자신의 모습에 만족하지 못하고 있다면 분명 당신의 과거 때문일 것이다. 지금까지 낭비하며 살아왔던 과거 말이다.

나도 어느 누군가와 비교해도 지지 않을 만큼 불성실했던 적이 있었다. 게으르고 삶에 대한 두려움에 벌벌 떨고 무엇을 해야 할지 모르는 목표상실의 시간을 가졌다. 하루하루 대충대충 살면서 게임만 하면서 시간을 보냈던 적도 있었다. 게으름을 피우며 보내는 그 시간은 잠시 지나갈 수 있지만 결국 후회감만 남았다. 현실도피일 뿐이었다.

중요한 것은 그 모든 책임이 바로 자신에게 있었다는 것이다. 아무도 그렇게 살라고 강요하지 않았다. 나는 모든 책임이 나에게 있었다는 것을 인정하면서부터 세상이 다르게 보이는 것을 경험하게 되었다.

자신의 과거를 인정하는 것부터 시작해야 한다.

만약 당신이 학벌에 만족하지 못한다면 그것은 당신이 학창 시절에 충분히 공부를 하지 않았기 때문이다. 모두 당신 책임이다. 당신이 서울대에 가지 못하게 말렸던 사람은 아무도 없었을 것이다. 오히려 그 반대였다. 어머니나 아버지 모두 당신이 잘되기를 기원했을 것이다. 당신에게 노력하지 말라고 말렸던 사람은 아무도 없었을 것이다. 당신이 코피를 흘리면서 공부하면 대한민국 경찰이 잡아가나?

중요한 것은 당신이 몇 년 전 공부하지 않은 것으로 후회하고 자학하고 있는 그 순간이 낭비되고 있는 시간이라는 것이다. 그리고 몇 년 후 당신은 똑같이 후회할 것이다. 지금 이 순간 열심히 살지 않은 것을. 결국 열심히 살지 못한 사람들은 20대가 되면 10대를 후회하고, 30대가 되면 20대를 후회하고, 40대가 되면 30대를 후회하며 살 것이다. 평생 한 번도 행복하지 않게 '자학만 하고 후회만 하면서 세상을 살다가 마치게 된다'는 것이다. 이것은 비극이다. 당신은 이미 비극의 주인공으로 살고 있을 수도 있다. 하지만 그것을 깨닫는 순간 변화할 수 있다.

어느 누구의 시간에도 늦은 것은 없다. 당신에겐 당신만의 시계가 있기 때문이다. 다른 사람과 비교할 이유도 필요도 없다. 당신에겐 당신만의 시간이 있기 때문이다. 하지만 하루빨리 그것에서 벗어나야 한다. 더 시간이 가기 전에 이 쳇바퀴에서 벗어나지 않으면 점점 더 우울하고 슬프게 인생을 살다가 비극의 노인으로 당신의 인생극장은 끝이 나버리고 말 것이다.

　몇 년 전 당신이 게을렀기 때문에 지금의 현실이 완성되었다. 오늘의 당신을 만든 것도 당신이다. 중요한 것은 무엇을 배웠느냐이다. 그리고 앞으로 어떻게 살겠느냐 하는 것이다. 더 이상 자학하지 마라. 시간낭비를 해봐야 시간의 소중함을 느끼게 된다. 시간낭비를 해보지 않은 성공인은 없다.
　몇 년 전처럼 똑같이 살 것이냐 아니면 새롭게 살 것이냐!
　문제의 해답은 바로 여기에 있다.

　이미 지나간 실패의 흔적 속에 현실을 낭비하기보다 지금 어떻게 살아야 할지 당장 결정해야 한다.
　태어나서 지금까지 무엇인가에 빠져서 생코피를 3일 연속으로 쏟은 적이 있는가? 없다면 당신은 무엇인가에 빠져서 몰입의 행복감을 제대로 느껴보지 못했다는 것이다. 나는 대학 시절 만화영화를 만들다가 잠시 기절한 적이 있다. 큰일 날 뻔했던 위험한 상황이었지만 다행히 많이 다치지 않았고 나에겐 소중한 추억이 되었다.
　이제부터라도 영광의 추억을 만들어야 한다. 당신이 결정한 그 무엇인가에 100% 이상의 열정과 정성을 쏟아 부으면 후회가 없다. 하지만 게으르게 사는 사람은 후회투성이 삶이다.

자신의 게으름에 쉽게 이기는 사람과 자신의 게으름에 쉽게 지는 사람. 과연 누가 성공할까?

TIME BLOCK
빈익빈 부익부의 이유

나도 한때 부자들의 자식들을 부러워한 적이 있었다. 왜 부자는 점점 더 부자가 될까? 왜 게으른 사람은 더 게을러질까? 왜 가난한 사람은 더 가난해질까? 물론 반드시 이렇게 되지는 않겠지만 확률적으로는 그렇다.

요즘은 재벌의 자식들이 더 열심히 공부한다. 환경도 더 좋고 선생님도 더 뛰어난 사람을 선택해서 공부한다. 부자들이 더 열심히 공부하는 세상이다. 시간이 지나갈수록 부자는 시간을 잘 써서 부자가 된다. 시간이 지나갈수록 가난한 사람은 더더욱 가난해진다. 왜 그럴까? 하루하루를 어떻게 쓰는지를 보면 쉽게 깨닫게 된다. 당신은 지금 10년 후 성공하는 습관을 만드는 데 시간을 쓰고 있는가? 아니면 10년 후 실패하는 습관을 만들고 있는가?

가난은 이겨내라고 있는 것이다. 가난은 벗어나라고 있는 것이다. 대한민국에서 가난을 벗어날 수 있는 가장 효과적인 길은 교육이다.

그런데도 공부하지 않는 사람들이 많다.

부잣집 아이들은 부자들의 교육을 받으며 성장한다. 바쁜 부자들은 직접 가난한 아이들을 만나 교육을 시켜주지는 못하지만 책을 통해서 자신의 노하우들을 모두 공개하고 있다. 그런데도 가난한 사람들은 배타적인 성향으로 인해 부자가 되는 공식을 알려주는 책을 읽으려고 하지 않는다.

모든 사람이 성공하기를 바라는 것도 공산주의다. 사람은 성공할 권리도 실패할 권리도 있다. 부지런하게 사는 것보다는 게으름을 선택하는 것도 자신의 자유다. 즉, 게으름을 선택한 사람의 뜻도 존중해줘야 한다. 민주주의 사회에서는 게으름도 존중받아야 할 선택권이기 때문이다.

성공한 부자들은 태어날 때부터 성공한 사람이 아니었다.

실패하는 사람들, 가난 속에 묻혀 있는 사람들이 크게 착각하는 것이 있다. 성공한 사람들은 반드시 나쁜 짓을 해서 성공했을 거라고 생각하는 것이다. 또, 성공한 사람들은 반드시 상속을 많이 받았으리라 생각하는 것이다. 특히 대한민국에서는 부자나 성공한 사람들에 대한 인식이 좋지 않다.

부자는 다 나쁜 놈들인가? 성공한 사람은 다 악한 놈들인가? 정의로운 사람은 가난해야 하나? 가난은 자랑거리가 아니다. 가난은 극복해야만 하는 어려움인데 가난 속에 묻혀서 평생을 보내는 사람들이 있다. 성공한 사람들도 처음에는 가난했던 사람들이었다. 하지만 결심과 실천으로 가난을 이겨낸 사람들이다. 승리하는 사람은 더욱 승리하게 된다. 성공한 사람들은 점점 더 부자가 된다. 부자들은 성공하면 할수록 자신의 발전에 더 투자를 하면 좋다는 것을 깨닫게 된다. 책도 더 보고 운동도 매일 하게 되고 음식도 마냥 많이 먹기보다는 조절을 하면서 좋은 음식을 찾아 먹는다. 한국만이 아닌 다른 나라의 견문도 넓히고 더 많이 배우게 된다. 부자들은 공부를 통해서 더 부자가 될 수 있다는 것을 배우게 되었다. 또한 책을 통해서 세상의 법칙을 이해하게 되었다. 세상의 돈이 어디에서 어디로 어떻게 움직이는지 이해하게 되었다.

한편, 게으른 사람은 점점 가난해질 수밖에 없다. 가난해질수록 자신의 발전에 투자조차 못 하게 된다. 책도 덜 보고 운동도 안 하게 되고 음식도 몸에 좋지 않은 인스턴트음식을 먹게 된다. 스트레스 속에서 다른 사람들을 비평하며 스스로도 비관 속에 웅크려 살게 된다.

부자는 더 부자가 되는 데 시간을 쓴다. 속된 표현 좀 하겠다. 가뱅은 더 가뱅이 되는 데 시간을 쓴다. 가뱅이 되고 싶은 사람은 필사적으로 TV를 본다. 가뱅인 사람은 필사적으로 PC방에서 폐인생활을 한다. 밤에 배트맨처럼 게임을 하고 낮에는 잠을 자는 등 취침시간도 정해져 있지 않다. 이러한 현실도피의 시간도 언젠가는 깨어야 하는 꿈일 뿐이다.

TIME BLOCK
커다란 실패는 최고의 선물이다

밑바닥까지 떨어져본 적이 있는가? 죽고 싶다고 생각해본 적이 있는가? 밑바닥을 만난다는 것은 자신의 본질을 만날 수 있는 기회이다. 밑바닥을 치면 진정한 당신을 만나게 된다. 무엇을 하고 싶은지 스스로 묻게 되고, 무엇을 해야 하는지 스스로 답을 찾게 된다.

밑바닥을 만나는 사람은 일생 최대의 선택을 하게 된다. 어떻게 살 것인가? 지금처럼 대충 살 것인가? 아니면 열정적으로 최선을 다해 살 것인가? 모든 사람이 언젠가는 맞이하게 되는 질문이다. 그리하여 적극적으로 살 것인지 소극적으로 살 것인지 결정을 내리게 된다.

어떤 사람은 밑바닥에 떨어지면 마치 그것이 마지막인양 세상을 등지고 만다. 세상에 이기는 사람이 있고 세상에 지는 사람이 있다. 세상을 등지는 것은 일시적인 방편은 되지만 남아 있는 사람들에게 커다란 아픔을 남기게 된다.

밑바닥은 커다란 축복을 맛보기 전에 오는 최고의 선물이다. 밑바닥으로 떨어지는 것에는 다 이유가 있다. 무엇인가 더 밑바닥부터 다져 놓지 않았기 때문이다. 밑바닥을 다시 다지기 위해 우리는 떨어지는 것이다. 가장 힘든 시기를 이겨내면 커다란 성공을 맞이하게 된다.

당신이 지금 너무나 힘든 시기에 있다면 곰곰이 생각해보라. 내가 배워야 하는 것이 무엇인지, 내가 할 수 있는 것이 무엇인지. 명상의 시간을 갖고 마음껏 후회해도 좋다. 눈물을 흘려도 좋다. 이 순간은 왜 내가 실패했는지 원인을 분석하는 시간이다. 실패로부터 너무나 소중한 배움을 얻으라고 주어진 시간이 바로 밑바닥의 시간이다.

밑바닥에 가장 고귀한 보석이 있다. 아무리 지금 이 순간이 괴로워도 조금만 참으라. 곧 최고의 달콤한 순간이 올 것이다. 반드시 커다란 축복이 올 것이다.

커다란 실패는 오히려 최고의 선물이다.

이 세상의 냉정한 진리

이 세상에 진심으로 당신이 성공하기를 바라는 사람은 누구일까? 거의 없다. 부모님을 빼고는 이 세상에서 진심으로 당신이 성공하기를 바라는 사람은 없다. 형제, 자매도 그들의 가족이 생기면 달라질 것이다. 우리는 사촌이 땅을 사면 배가 아픈 민족이니까. 진정한 친구 몇 명이 있다면 그들은 당신의 성공을 빌어줄 것이다. 어쩌면 당신과 아무런 관계없는 사람이 당신의 성공에 박수쳐줄 가능성이 높을지도 모른다. 대부분의 사람들은 진심으로 당신이 성공하기를 바라지 않는다. 그래서 당신은 당신을 정말 아껴주는 사람들을 위해 보다 강해져야 한다. 이 세상에 진심으로 당신이 행복해지기를 바라는 사람이 누구인지 생각해보라.

내 두 발로 당당하게 일어서야 한다. 내 실력으로 떳떳하게 살아야 한다.
이 세상에서 당신을 지켜줄 사람은 당신밖에 없다.

나약한 것은 평화를 사랑하는 것이 아니다. 나약하면 침략을 받을 뿐이다. 지배를 받을 뿐이다. 무식은 버려야 하는 것이다. 가난은 이겨내야 하는 것이다. 무식하고 가난한 것이 자랑거리가 되어서는 안 된다. 강해져야만 평화를 누릴 수 있다.

당신은 이기기 위해 태어난 것이다. 당신은 강해지기 위해 태어난 것이다. 당신은 더 똑똑해지기 위해 태어난 것이다.

당신은 무슨 일이 있어도 반드시 성공해야 한다.

가족과 진정한 친구들을 위해 당신은 반드시 행복하게 살아야 한다.

가족과 진정한 친구들을 위해 당신은 반드시 풍요롭게 되어야 한다.
가족과 진정한 친구들을 위해 당신은 반드시 건강하게 살아야 한다.

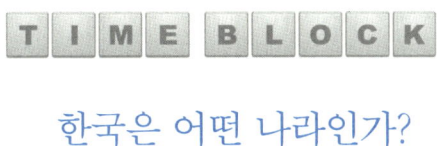

한국은 어떤 나라인가?

한국은 미국에 가까운 나라일까? 중국에 가까운 나라일까?

과거 한국은 중국의 침략을 많이 받았다. 매년 중국에 조공을 바치던 나라였다.

세종대왕이 한글을 만드는 것을 사대부는 좋아하지 않았다. 그 당시 양반들은 중국의 한자를 기반으로 언어의 대중성을 막았다. 지식이 특수계층의 전유물이었다. 지식 커뮤니케이션의 능력을 나누지 않았다는 것이다. 한글이 나오지 않았더라면 일본처럼 거의 모든 글을 한자로 표현하고 있었을 것이다.

…한국엔 중국집이 정말 많다.

한국은 전국 어디를 가건 중국집이 있다. 중국인들이 사는 집이 아니다. 짜장면과 짬뽕을 파는 집이다. 이것들은 한국인들이 가장 좋아하는 음식 중의 하나이다. 미국식 중국음식이 만들어지고 사천식 짬뽕이 있는 것처럼 중국식 짬뽕이 변형된 것이 중국집이다. 어쨌든 맛있다.

…한국은 유교의 나라이다.

남존여비의 사상과 가부장적인 마인드가 아직도 많이 남아 있다. 부모님을 섬기고 남편을 섬기고 족보가 중요시되는 유교의 나라이다.

…한국은 관료의 나라이다.

공무원을 적으로 두면 피곤하다. 김영란법 시행으로 지금은 많이 약해졌지만 한국에서 사업을 하면서 배운 것은 공무원을 위한 선물을 항상 준비해야 한다는 것이었다. 한국의 젊은이들이 미국처럼 벤처를 하고 사업을 하는 것이 얼마나 힘든지 다시 한 번 깨닫게 되었다.

…한국은 고시의 나라이다.

대학을 위한 수능고시를 넘어 사법고시, 행정고시, 외무고시, 언론고시, 임용고시의 산이 있다. 고시는 중국의 장원급제유형의 형태일 뿐이다. 10년 넘게 고시에 인생을 탕진하는 사람들이 많다. 미국은 변호사 합격은 쉽게 주고 경쟁을 치열하게 시킨다. 한국은 합격하는 것이 어렵지만 막상 자격증을 따게 되면 그 후의 경쟁은 치열하지 않다.

재수문화는 쓸데없는 시간과 돈의 자원낭비를 불러온다. 편입학원은 돈을 벌고 대학교도 일단 등록금을 받으니 아무런 거리낌이 없다. 문제집을 만드는 출판사 역시 돈을 벌고 학원도 돈을 번다. 과연 이런 고시는 누구를 위한 제도일까? 과시를 위한 학벌을 따기 위해 누군가가 돈을 벌게 되는 이 구조는 합리적인 것일까?

…한국은 왕의 나라이다.

한국이 진정한 민주주의가 된 것은 얼마 되지 않았다. 군사혁명의 대통령들 때문이다. 너무나 못살았기 때문에 군인이 왕이 되어 한국을 발전시켜놓은 것이다. 그 과정에서 많은 희생과 고통이 있었다. 한국에선 대통령의 권력이 하늘을 찌른다. 미국은 그렇지가 않다. 한국의 대통령은 끝이 비극적이거나 안타까운 경우가 많다. 가족들의 비리와 횡령 속에 비참한 결말을 맞이하기도 한다. 한국에서 쫓겨나거나 충격을 당하기도 하고 감옥도 간다. 슬픈 일이 아닌가? 장래희망이 대통령이라는 아이들이 진정 대통령이 된 후에 일어나는 일들을 알까? 그래도 대통령을 하고 싶어 하는 사람들이 많은 이유는 무엇일까? 왕의 권력이다. 진정 존경해서 웃음을 짓는 것이 아니라 권력이 무서워서 웃음을 짓는 것이다. 진정 좋아해서 굽실거리는 것이 아니라 무엇인가 필요한 것이 있어서 굽실거리는 것이다. 힘을 좋아하기 때문에 왕이 되고 싶은 것이다. 정말 강한 사람은 왕이 되지 않아도 행복하게 살 수 있다.

…한국은 학벌의 나라이다.

한국은 어느 순간부터 공부를 위한 공부가 아니라 학벌을 위한 공부를 시키는 나라가 되어버렸다. 무엇을 공부해야 하는지 알지도 못한 채, 그저 공부를 해야 하기 때문에 떠밀려서 공부하는 아이들이 어디서 목표를 찾을 수 있을까?

…한국은 직함의 나라이다.

이 나라에서는 직책이 중요하다. 어디를 가건 명함이 중요하다. 명함을 보고 사람을 멸시하기도 존중하기도 한다. 이런 전통은 다분히 중국과 비슷한 부분이 많다는 것을 깨닫게 된다.

한국도 중국처럼 guanxi- 꽌시의 나라이다. 한글로 인맥이라고 한다. 누구를 아느냐가 너무나 중요한 것이다. OECD 통계자료를 보면 부정부패도가 중국과 비슷하다.

한국 사람들은 중국이 가난하다고 은근히 무시하는 경향이 없지 않아 있다. 하지만 재미난 것은 정작 중국에 더 많은 부자들이 살고 있다는 것이다. 중국을 너무나 닮은 한국이 중국을 무시하는 모습은 유머러스하기까지 하다.

우리는 한국인지만 여전히 중국의 과시욕과 관료주의의 전통을 많이 갖고 있다.

TIME BLOCK

대한민국 10대는 시간관리를 할 시간조차 없다

자유시간이 있어야 시간관리의 중요성을 깨닫게 된다. 하지만 초등학교를 졸업하면서 한국의 학생들에게는 자유시간이 사라져버린다. 대한민국의 중·고등학교에는 자유로운 사고력을 키우거나 창조력을 키우는 교육이 거의 없다.

진짜 공부는 학원에서 한다. 10대들은 잠을 보충하기 위해 학교에 간다. 시험문제를 풀기 위해 다니는 학교가 있을 뿐이며 선생님은 소수의 진정성 있는 몇몇을 빼놓고는 대부분 존경받지도 못한다. 오로지 점수만을 위해 맺어진 관계 속에서 10대들은 교육을 받게 된다. 인성에 대한 교육을 감히 누가 시킬 수 있는가? 점수를 올려야 하는데 말이다. 한국의 10대들이 너무나 불쌍하지만 선생님들도 불쌍하다. 이것이 21세기 대한민국의 교육의 현실이다.

나는 미국에서 고등학교 시절을 너무나 신나게 보냈다. 재미나게 공부하면서 풋볼도 하고 그림도 그리고 단체도 만들고 다양한 경험을 하면서 좋은 학교도 갈 수 있었다. 공부는 원래 즐거운 것인데 희한하게도 한국의 중·고등학교 교육은 아이들로 하여금 '공부는 지긋지긋한 것'이라는 인식을 갖게 해준다.

나는 지금 미국에서 공부를 했다고 자랑을 하는 것이 아니다. 내가 안타까운 것은 '왜 한국은 즐겁게 공부를 가르치지 못할까?' 하는 점이다. 왜 공부는 고통스러워야 할까? 도대체 즐겁게 공부해서는 명문대에 입학할 수 없는 것인가?

그토록 많은 한국의 가족들이 이산가족이 되어서라도 아이들을 선진국에 보내는 이유는 무엇일까? 우리나라는 경제적으로 발전을 했지만 교육은 오히려 퇴보를 했기 때문이다. 평준화 때문에 대한민국의 교육은 철저히 망가져왔고 이제 실질적으로 돈 있는 고객들은 한국의 교육을 선택하지 않겠다는 것이다. 그러면 한국의 교육을 떠나 외국에 간 기러기 아빠와 조기유학생들은 모두 매국노인가? 많은 국회의원들의 아들은 한국에서 공부해도 딸들은 모두 외국에서 공부하고 있다. 대기업 임원들의 자녀가 외국에서 공부하는 비율이 얼마인지 아는가? 돈을 버는 것도 자유고 돈을 쓰는 것도 자유다. 하지만 한국의 교육이 눈부시게 발전하면 외국 학생들이 한국으로 유학을 오지 않을까?

한국의 교육이 망가진 것은 철저히 한국 정부의 실패다. 오래된 군사정권의 교육은 군사정권의 말을 잘 듣는 로봇을 만드는 데 주력을 했고 어느 정도 실효를 거두었다. 묵묵히 두들겨 맞으면서 일만 하는 것이 좋은 줄 알았으니까. 빌 게이츠가 한국에 태어났다면 PC방 아르바이트를 하게 되었을 것이다.

한국의 교육은 점수를 위한 교육이다. 한국의 교육은 합격을 위한 교육이다. 이런 환경에서 선진국형 인재는 절대로 만들어질 수 없다. 사실은 문제만 많이 푸는 학생이 아니라 책을 많이 읽는 학생이 좋은 대학에 가야 한다. 정형화된 국어 문제만 잘 푸는 학생이 아니라 고등학교 때 자신의 책을 쓰는 학생이 좋은 대학에 가야 하는 것이다. 서태지 같은 사람이 서울대 음대에 가야 한다.

인생에서 가장 중요한 시간관리의 교육을 받아야 할 시기는 바로 10대가 아닐까?
자신의 시간관리를 잘 하려면 자유시간이 있어야 한다.

한국에서 고등학교를 다니다가 미국으로 고등학교를 가게 되었을 때 놀란 것이 있었다.

한국의 학생들은 고3까지 밤 12시가 되도록 학교에서 자습을 하거나 학원에 가서 자신의 시간을 어른들에게 맡긴 채 생활을 했다. 자신의 시간을 자율적으로 쓰지 못한다. 자기주도적으로 공부한다고? 다 거짓말이다. 학원에서 내준 숙제를 집에서 혼자 하는 것이 자기주도적인 학습인가? 학생의 시간관리는 모두 엄마가 한다. 학원이 대신 해준다. 학교는 아이들을 감시하는 곳이 되어버렸다. 한마디로 겉은 화려해 보이는데 속은 더 황폐해지고 점수만이 지상 최고의 공부의 척도가 되어버린 대한민국의 현실이다. 이런 곳에서 교육을 시키는 것을 즐거워하는 부모님이 과연 몇 명이 될까? 재미난 것은 대한민국의 지도층은 대부분 선진국에서 아이들을 교육시키고 있다는 것이다. 출산율도 떨어지고 있다. 출산도 미국에 가서 원정출산을 하고 있다. 언젠가 한국의 아이들이 모두 미국에서 태어나고 교육도 미국에서 받아 미국인이 될지도 모르겠다.

정작 미국의 학생들은 고3이 되어서도 오후 3시가 되면 학교는 끝이 난다. 그 이후에 풋볼을 하건 특별활동을 하건 학원을 다니건 자신의 시간은 자신이 결정하게 된다. 그에 비해 한국은 정작 대학생이 되어서야 자신의 시간이 주어진다. 고3까지 지옥 같은 생활을 하다가 대학만 가면 갑자기 자유시간이 홍수처럼 생겨버린다. 아침 일찍 학교에 가지 않아도 되고 밤늦게까지 술을 마셔도 되는 자신의 시간이 생겨버린 것이다. 갑자기 많아진 자신의 시간을 어떻게 써야 할지 주체할 줄 모르는 대학 1학년은 대학에 가서야 시간관리의 1학년에 진학하게 되는 것이다.

　시간의 자유가 없는 사람에게 아무리 시간관리의 중요성을 이야기해도 소용이 있을까?

시간의 성을 사수하라

시간의 성을 공격하는 좀비들

시간이 생겼을 때 무엇을 하는지 보면 그 사람의 미래가 보인다.
당신은 시간이 나면 무엇을 하는가?

··· 웹서핑

의미 없는 웹서핑은 중독이다.
목표 없는 웹서핑은 낭비다.

웹서핑이 무조건 나쁘다는 것은 아니다. 웹서핑을 하다가 정말 좋은 아이디어를 찾을 수도 있으니까. 하지만 해야 할 일을 하고 나서도 웹서핑을 할 수 있지 않을까?

웹서핑은 TV 시청과 똑같다. 리모컨으로 채널을 돌리면서 내 시선을 즐겁게 해줄 것을 찾는 것은 마치 마우스로 클릭하면서 파격적인 뉴스를 찾는 시간을 보내는 것과 똑같다. 그러다 보면 한국은 물론 전 세계의 희한하고 기괴한 뉴스들을 접하게 된다. 해괴한 살인과 전국에서 그날 행해진 성폭행 사건뉴스를 보며 우리는 '말세야! 말세'라고 세상을 탓하게 된다. 패션쇼의 야한 사진들이나 연예인 결혼식에 누가 어떤 옷을 입고 왔는지, 누가 누구랑 사귀고 있고 누가 이혼을 했는지를 보면서 요즘 시대가 참 많이 변했구나 하면서 서로 게시판에 글을 올리기도 한다. UFO 뉴스를 보며 '역시 지구 밖에도 외계인은 존재할 거야, 좋아라' 하는 사람들도 있다. 이런 말초적인 정보수집은 생산적인 시간보다는 오락TV 시청과 비슷한 효과를 갖고 있다. 나를 발전시키는 시간이 아니라 나와 아무런 상관도 없는 잡다한 쓰레기 정보만을 더 쌓으면서 시간만 낭비하게 될 수도 있다. 즉 목표가 없는 웹서핑은 또 다른 현실도피일 뿐이다. 무엇인가 하는 것 같다는 착각을 주지만 정작 본질은 시간낭비일 뿐이다. 차라리 테마가 있는 정보를 담은 책을 읽는 것이 훨씬 효과적이다.

직업이 악플러인 사람들이 있다. 이 뉴스, 저 뉴스를 보면서 악플을 달기 위해 인터넷 접속을 하는 사람들이다. 백수이거나 회사를 다녀도 건성으로 다니면서 자신의 일에는 최선을 다하지 않는 사람들이 온라인상에서는 핏대를 올리며 서로 악플을 달고 계속 독설에 독설을 뽐으며 '너 어디 사느냐? 찾아오라!'고 하면서 쓸데없는 싸움을 하기도 한다.

악플러들은 바로 자신들이 네이버나 다음 같은 포털사이트의 주식 가격을 높여주는 것을 모른다. 스스로가 인터넷 부자들의 자산이 되는지를 모르고 산다. 당연히 악플러들은 더욱 가난해질 수밖에 없다. 너무나 소중한 자신들의 현재를 마이너스 에너지의 분출에 다 써버리기 때문이다. 악플 활동은 최악의 현실도피 습관일 뿐이다. 자신은 물론 다른 사람의 기분까지도 망쳐버리니까.

어떤 사람은 밤낮으로 야한 동영상을 감상한다. 엄밀하게 말해 한국에 성교육은 없다. 인터넷이 대신해줄 뿐이다. 대한민국이 인터넷 강국인 이유는 인터넷으로 쉽게 국제 성교육(?)을 받을 수 있기 때문이 아닐까. 당연히 한국의 10대는 전 세계의 포르노를 통해 성교육을 자기주도형(?)으로 학습하게 된다. 나 또한 한국에서 세운상가를 통해 유통된 비디오테이프로 성을 배웠다. 요즘은 세상이 좋아져서 초등학생들도 인터넷을 통해 언제 어디서나 편하게 전 세계 각국의 성교육 시청각자료를 아무 어려움 없이 구할 수 있게 되었다. 사실 누가 어떻게 야동을 보는지 막을 방법은 없다. 중요한 것은 밸런스가 아닐까? 야한 동영상은 누구나 접할 수 있다. 결국 핵심은 내가 중독이 되었느냐 하는 것이다. 필요 이상의 야동 자료의 수집벽을 보이고 일반적인 야동의 수위를 넘게 되었을 때 비범한 성행위 중독에 빠질 수도 있는 것이다. 특히 대한민국은 성폭행범의 인권을 존중하는 나라다. 그래서 형을 살고 나오면 다시 성추행의 중독생활을 영위해나가고 있다. 중국처럼 성폭행범은 그냥 사형을 시켜버리면 어떨까? 그럼 성폭행은 말끔히 사라지지 않을까? 어린 초등학생들을 성폭행하는 자들은 최고의 엄벌로 다스려야 한다.

··· 온라인게임

세상에는 의지가 나약한 사람이 은근히 많다. 나약한 사람은 자존심이 대단히 강하다. 의지는 약한데 자존심만 오히려 세다. 항상 자존심이 상할 준비가 되어 있고 아무나 붙잡고 언쟁을 벌이려고 한다. 자존심이 강한 사람은 남의 말을 듣기 싫어한다. 당연히 책 읽기를 싫어한다. 공부하기도 싫어한다. 이런 사람은 자신의 현실조차 받아들이지 않게 된다.

성공한 사람의 벗은 책이다. 책은 지식이며 공부다. 성공할 사람의 무기는 Positive 행동이다. + 행동은 경험이며 지혜다.
실패한 사람의 벗은 중독이다. 실패할 사람의 친구는 Negative 행동이다. - 행동은 중독이며 현실도피다.

한 학생이 인터넷게임 속에서 각종 총을 쏘며 학교에서 받은 스트레스를 푼다. 그리고 방과 후에는 PC방에서 전우들과의 우정을 다지기도 한다. 가끔 이런 친구들 중의 하나가 성장을 해서 군대에 간다. 상사에게 무시를 당하자 분을 이기지 못하고 살아 있는 사람들을 상대로 진짜 총 놀이를 하기도 한다. 그리고 갑자기 깨닫는다. '어? 게임이 아니네.' 그리고 자살을 선택한다.

대한민국에 왜 이도록 잔인한 총 놀이 게임들이 인기를 끌까? 바로 숨 쉴 수 없는 한국의 입시교육 환경 때문이다. 너무나 과중한 학업스트레스를 받는 상태에서 대한민국의 10대 남학생들이 그나마 '스포츠'로 할 수 있는 것은 게임밖에 없다. 중·고등학교 간 축구대회나 야구대회가 있는 것도 아니다. 미국은 학교에서 즐길 수 있는 다양한 스포츠가 있어서 게임이 이토록 인기가 있을 수가 없다. 우리나라 사춘기 남학생들은 운동을 하기보다는 학원 옆의 PC방에서 총싸움 놀이를 잠시 하고 공부를 다시 하게 되는 것이다. 이것 역시 인터넷 강국인 대한민국의 현실이다. 운동을 할 만한 장소도 없고 운동은 공부 못하는 운동선수들만 한다고 생각한다. 왜 조기유학생들이 많을까? 바로 이러한 환경들 때문이다.

어떤 사람은 밤낮으로 온라인 고스톱이나 포커를 친다. 시간 가는 줄 모르고 밤새도록 열심히 돈을 모은다. 온라인상에서 몇백억을 가진 사람들이 많다. 하지만 정작 그 사람은 현실세계에서 몇백억을 가졌을까? 온라인 고스톱이나 포커를 하는 사람이 있고 그런 온라인게임을 만드는 사람이 있다. 결국 온라인게임에 중독된 사람은 점점 가난해지고 성공적인 온라인게임으로 더 많은 유저를 중독시키는 사람이 현실세계에서 점점 더 부자가 된다.

게임에 빠진 사람은 시간관리가 안 되는 사람이다. 며칠 동안 밤을 새면서 게임을 하는 사람은 그 게임을 만든 회사의 부품일 뿐이다. 그 회사가 상장을 하고 직원들이 월급을 받게 하는 살아 있는 자산일 뿐이다.

게임에 빠진 10대는 20대도 게임으로 인생을 낭비하게 될 것이다. 그리고 언젠가는 깨닫게 된다. 소중한 젊음이 다 끝날 무렵에 후회가 시작되는 것이다. 우리는 그런 사람을 동정할 필요도 없다. 많은 사람들이 중독에 빠져 있을 때 당신만큼은 노력을 더욱 해야 한다. 모두들 정신을 놓고 있을 때가 최고의 기회이다. 아무도 모르게 발전하면 어느새 당신은 그들보다 월등히 앞서 있을 것이다.

… 도박

도박에 빠진 사람은 돈만 잃어버리는 것이 아니라 인간의 영혼마저 버리는 사람이다. 또한, 도박에 빠진 사람은 수학을 못하는 사람이다. 확률을 계산하면 자신이 반드시 지는 게임을 하는 것이다. 재미로 하는 도박이 아니라 중독에 빠진 도박은 가산탕진에 가정파탄만을 불러온다. 그리고 도박에 빠진 사람은 가난해지기 위해 태어난 사람이다. 우리가 그들로부터 배우는 것은 얼마나 도박이 무서운가 하는 그뿐이다.

MMORPG게임은 가상세계에서 새로운 캐릭터로 몬스터들을 죽이면서 아이템을 모으는 게임이다. 한국에서는 리니지를 만든 NC소프

트라는 회사가 유명하다. 김택진 사장은 리니지 덕분에 1조의 사나이가 되었다. 가상 몬스터를 죽이면 엄청난 아이템이 나올 수 있다는 것은 확률게임, 즉 도박과 똑같은 구조이다. 캐릭터를 키우는 게임들은 도박성이 강하다.

게임 안에서 성공하는 것이 아니라 현실세계에서 성공을 해야 한다. 레벨업도, 아이템 모으기도 마찬가지다. 게임에서 벤츠를 모는 사람이 있고 실제 도로에서 벤츠를 모는 사람이 있다. 게임으로 돈을 버는 것보다 현실에서 돈을 버는 것을 먼저 배워야 한다. 자본주의 시대에서 돈을 벌어보는 첫 경험을 일찍 하면 할수록 좋다. 부모님이 주는 용돈으로 생활하는 10대, 20대는 점점 현실도피를 하게 된다.

부모님이 이유 없이 주는 돈은 독이다. 돈을 써버리면 다시 생기는 존재로 인식해버리면 그 사람은 점점 더 현실에서 멀어지게 되는 것이다.

온라인게임은 전 세계로 유통되는 합법적인 마약이 아닐까? 온라인게임에 빠진 사람이 아니라 온라인게임을 만들어 제공하는 사람이 되어야 한다. NC소프트의 게임이 중국에서 인기를 끈다는 뉴스를 보면 참 대단하다. 한국 업체가 만든 게임에 중국 아이들이 중독이 되어 폐인이 되는데 한국 기업은 그만큼 돈을 벌게 되니까. NC소프트에 투자한 사람들은 아마도 커다란 부자가 되었을 것이다. 21세기는 온라인중독품을 만들면 성공하고 온라인중독에 걸리면 본인이 폐인이 되는 시대다. 정말 똑똑하게 정신을 차리지 않으면 우리의 시간은 우리의 것이 아니라 그들의 것이 되어버리고 만다.

중독을 시켜야 성공하고 중독을 당하면 실패한다.

… 담배

흡연은 최악의 중독이다. 단순히 시간만 낭비하는 것이 아니라 건강도 망쳐버린다. 마음이 여린 사람이 주로 10대 때 친구의 권유로 담배를 시작한다. 빨리 어른이 되고 싶고 담배를 피우는 게 멋있어 보인다고 생각한다. 나쁜 짓이라는 것을 알면서도 그렇게 담배를 시작하게 된다. 자신들이 담배회사에 돈을 가져다 바치는 일개 소비자에 불과하다는 것을 모르고.

미안하지만 담배를 피우고 있다면 당신은 이미 폐암에 걸릴 준비를 시작했다. 보통 사람보다 몇 배의 빠른 속도로 노화가 진행될 것이다. 담배 피우는 사람치고 담배를 시작한 것을 후회하지 않는 사람은 없는 것 같다. 담배를 한창 피울 때는 후회하지 않지만 시간이 지나 온몸이 담배의 잿더미에 썩어가기 시작할 때 왜 담배를 피웠을까 후회해보지만 이미 때는 늦어버렸다. 평생 담배를 피우는 데 얼마의 시간을 쏟을까? 병원에서 낼 치료비도 열심히 모아야 할 것이다.

만약 담배를 피운다면 이 책을 추천한다.

〈담배, 돈을 피워라〉, 타라 파커-포프, 코기토출판사

담배에 빠진 사람은 의지가 약한 사람이다. 10대에 흡연을 시작하는 아이들은 친구를 잘못 만나 담배를 배우게 된다. 20대가 지나서 담배가 얼마나 나쁜지 알면서도 끊지 못하는 사람은 정말 불쌍한 사람들이다. 약물중독이 되는 것을 멋있다고 생각하는 것은 모두 광고의 힘이다. 10대에 흡연을 시작하는 아이들을 보면서 담배회사는 얼마나 좋아할까? 평생 고객들이 일찍 만들어지니까 말이다. 일을 하다가도 담배를 피워야 하고 화장실에서 피우는 꿀맛을 즐겨야 하고 술 마실 때는 더 피우고 싶다고 한다.

담배조차 끊지 못하는 사람이 커다란 성공을 할 수 있을까? 자신의 건강조차 조절하지 못하는 사람이 리더가 될 수 있을까? 자신조차 다스릴 줄 모르는 사람이 위대한 CEO가 될 수 있을까? 안타깝지만 이런 사람들은 오래 살지 못할지도 모른다. 절대 건강하게 죽음을 맞이하지 못하고 비참하게 종말을 맞이할지도 모른다.

이러한 사람들은 자기의 인생조차 제대로 가누지 못한 채 살아갈 뿐이다.

··· 술

하루를 건너 술을 마시는 사람도 불쌍한 사람이다.

한국은 대학교에 입학하면서부터 술 문화가 시작된다. 한국 최고의 호황상품은 소주가 아닐까? 괴로워도 소주, 신나도 소주. 서민들은 소주를 양주처럼 마신다. 부자들은 양주를 소주처럼 마신다. 즐기기 위해 술을 마시는 것이 아니라 몸을 부수기 위해 술을 마시는 모습이 안쓰럽기까지 하다. 적당한 양이 아니라 무식한 양을 마시는 모습은 마치 무엇을 증명하려고 하는 처절한 모습으로 보인다. 그토록 못살았던 우리가 '이제는 이렇게 술도 많이 마실 수 있다'고 자랑하고 싶은 것은 아닐까?

사회에 나오면 폭탄주는 기본이다. 술상무도 있다. 접대를 하는 술상무는 일주일에 최소 3번은 접대를 하게 된다. 하지만 회사의 대표는 접대를 할 필요가 없다. 술상무는 있지만 술사장은 없기 때문이다. 사장 대신 술상무가 대신 죽으면 된다. 술상무는 자신의 건강, 즉 삶을 돈과 거래하는 것이 아닐까? 자신의 건강을 담보로 영업을 하는 것뿐이다. 술상무는 가장 불쌍한 사람이라고도 할 수 있다. 돈을 위해서 자신의 생명을 파는 것이다.

술을 잘 마시는 것은 자랑이 아니다. 술을 많이 마시는 것도 자랑이 아니다. '술을 아무리 마셔도 취하지 않는다'라는 것은 거짓말이다.

돈을 좀 벌었다고 오만해지는 사람이 있다. 조금 성공했다고 자만에 빠져 매일 술을 마시면 알코올중독만 되고 만다.

도박, 술, 담배에 빠진 사람은 시간관리가 무엇인지도 모른다. 시간관리를 못 하는 사람들은 나쁜 습관들에 돌이킬 수 없을 정도로 중독이 되어버렸기 때문이다. 그런 사람들은 아무리 이야기를 해주어도 소용이 없다. 실패하는 사람은 조언을 듣기 싫어한다. 그들은 외골수이며 고집불통이며 독불장군이다. 싸우기 좋아하고 불평불만에 가득 차 있다. 밑바닥까지 가서 건강이 최악이 되거나 가산을 탕진해야 정신을 차리게 될 것이다.

··· 쓸데없는 전화
내 시간의 적: 불필요한 전화통화시간

전화를 하면 할수록 누가 돈을 벌까? 바로 통신업체이다.

10대부터 청춘사업을 시작하는 학생들이 많아졌다. 아마 여자친구나 남자친구가 있는 학생들의 부모님은 이미 통신요금을 통해 아실 것이다. 대학생이 되고 연애를 시작 하면서부터 휴대폰으로 그녀와 통화하는 시간이 늘어나기 시작한다. 아직까지 전자파에 많이 노출이 되어서 두뇌가 좋아졌다는 소식은 들어본 적이 없다.
　나 또한 대학 시절부터 여자친구와의 통화 때문에 많은 시간을 낭비했다. 왜 빨리 결혼하는 것이 더 안정적이 되는지 나이가 들수록 그 의미를 더 깨닫게 되었다. 어른들의 말씀이 틀린 것이 거의 없다.

21세기에 휴대폰에 중독되면서 생긴 현상으로 '문자가 오지 않거나 통화를 하고 있지 않으면 불안증에 걸린다'라는 것이 있다. 휴대폰으로 항상 문자질(?)을 해야 자신이 중요한 일을 한다고 착각을 할 수도 있겠다.

휴대폰을 아예 없애고 연락을 하지 말라는 말이 아니다. 가장 중요한 일을 뒤로 미룬 채 전화만 하는 것이 시간낭비라는 것이다. 차라리 부모님께 안부전화를 드리는 것도 좋다. 쓸데없이 연애사업에 너무 많은 시간을 버리지 말라는 것이다.

세상에서 가장 중요한 일은 자신을 발전시키는 일이다. 자신을 위해 시간을 쓸 때 우리는 행복해진다. 나는 책을 쓰거나 읽을 때, 운동을 할 때처럼 집중해야 할 시간에는 전화를 아예 받지 않는다. 가장 중요한 일이 끝난 후에 내가 전화를 걸면 되니까. 대부분의 전화는 무엇인가 부탁하는 전화다.

자신의 일을 할 때엔 과감히 휴대폰을 끄거나 무음으로 만들어야 한다. 휴대폰조차 범할 수 없는 시간이 있어야 한다.

··· 변명이나 핑계

핑계습관은 게으른 사람의 행동습관이다.

항상 변명하는 사람이 있다. 게으름 때문에 인생을 낭비하는 사람들이 있다. 오늘은 쉬고 내일 하자고 생각하는 사람은 내일도 아무것도 하지 못한다. 이런 사람은 자신의 실패를 절대로 자신의 탓으로 여기지 않는다. 항상 남의 탓으로 돌려버리고 만다.

"그날 운이 없어서 떨어진 거야."
"토익 점수가 좋지 않아서 그래."
"그 녀석 때문에 망친거야."
"재수가 없어서······"
"부모님한테 물려받은 게 없거든."
"돈이 없어서 사업을 못 했어."
"책 살 돈이 없어서 공부를 못 했어."

변명하는 시간도 모이면 커진다. 항상 변명과 핑계로 연설할 준비가 되어 있는 사람은 인생의 패배자다. 한마디로 그들은 비겁한 사람일 뿐이다. 젊을 때는 대충 그렇게 살 수 있지만 40세가 되면 결국 덜미가 잡힌다. 변명만 한 인생에 남는 것은 후회뿐이다. 그때 잃어버린 시간을 돌릴 수는 없다.

변명을 하지 말고 인정을 해야 한다. 자신의 게으름과 부족함을 후회하고 뼈저리게 반성하고 각성해야 한다.

··· 쓸데없는 걱정

"선생님, 우리 아이가 서울대나 하버드를 갈 수 있을까요?"
한 어머님이 나에게 이런 질문을 하셨다.
"아이가 몇 학년이에요?"
"4살이요."

쓸데없는 걱정은 현재를 낭비하는 최고의 나쁜 습관이다. 걱정은 마이너스 에너지의 생각이다. 생각이라고 다 좋은 것이 아니다. 플러스 에너지를 가진 Positive Thinking을 해야 한다. Negative Thinking은 바로 의심, 걱정, 후회, 역정과 같은 것들이다. 좋지 않은 기분을 떨쳐버리지 못하는 것도 시간낭비다. 혼자만 있으면 쓸데없는 걱정을 하는데 시간을 쓰는가? 매일 2시간씩 걱정만 하고 살고 있지는 않나? 걱정하기 위해 태어난 것은 아니지 않나?

이 글을 읽고 있다면 당신은 지금부터 Positive Thinking의 대가가 될 것이다. 당신은 당신을 위해 시간을 긍정적으로 쓸 것이다. 당신의 행복을 위해 적극적으로 행동할 것이다. 당신의 소중한 가족을 위해 정신적으로 더 건강해질 것이다. 다른 사람들 앞에서 몰래 타인을 욕하지 않고 오히려 더 칭찬하는 사람이 될 것이다. '항상 잘될 거야'라는 긍정의 에너지를 더 나누어주는 사람이 될 것이다. 쓸데없는 고민을 하기보다는 당신이 오늘 해야 할 일들을 묵묵히 하는 사람이 될 것이다.

가만히 앉아서 걱정을 한다는 것은 움직이지 않기 때문에 생기는 습관이다. 행동하는 사람은 점점 더 걱정이 줄어들게 된다. 해야 할 일이 있으니까. 행동하는 사람은 걱정할 겨를도 없다. 걱정할 시간도 남김없이 행동에 투자하라. 오늘부터 행동하라.

··· 허풍

"언젠가는 크게 될 거예요."라고 말만 하는 사람이 있다. 아무런 행동의 투자 없이 미래에 무엇인가 되겠다고 허풍만 떠는 사람은 성공하지 못한다. 꿈만 꾸는 사람에게는 꿈이 현실로 이루어지지 않는다.

$D * A = R$

Dream * Actions = Reality

꿈에 행동을 가해줘야 현실이 된다.

'언젠가 사업가가 될 것이다'라고 말하는 사람이 있다. 사업가가 되려면 최소한 매일 1시간씩 경영에 관한 책을 읽어야 하지 않을까? 아침에는 경제신문 하나, 일간지 하나를 보면서 세상이 어떻게 돌아가는지 알아야 하지 않을까? 사업을 하고 싶은 분야를 찾고 현지답사를 하는 데 일주일에 최소 5시간은 할애해야 하지 않을까? 미래의 약속을 위해서는 현재 해야 할 일을 반드시 해야 한다.

환상 속에 사는 사람은 '한 번만 성공하면'이란 말을 좋아한다. 한 번만이라도 성공을 하는 것이 말처럼 쉽게 된다면 인류 모두가 성공을 할 것이다. 하지만 이 세상에 어느 누구도 한 번에 성공한 사람은 없다. 설사 있다 하더라도 한 번에 성공하는 사람은 한 번에 망해버리기 쉽다. 쉽게 돈을 번 사람들 중에 복권에 당첨된 경우가 있다. 하지만 복권에 당첨이 되어서 오히려 더 망가진 사람들이 많은 이유는 무엇일까? 너무 어린 나이에 성공한 할리우드의 아역배우들이 불행하게 살아가는 이유는 무엇일까?

결코 성공은 쉽게 오지 않는다. 쉽게 온 성공은 그만큼 쉽게 가버리고 만다. 성공은 한 번에 하는 것이 아니라 매일 하는 것이다. 매일 조금씩 성공습관을 만들어가다 보면 저절로 성공하게 되는 것이다. 미래의 멋진 사업가가 되기 위해 오늘 조금씩 성공하는 것이다.

하루에 한 가지씩 성공하면 된다.
당신은 미래 성공을 위해 매일 하고 있는 습관으로 무엇이 있는가?

1.
....

2.
....

3.
....

··· 물건 찾는 데 보내는 시간

필요한 물건을 찾는 데 항상 시간을 허비하는 사람이 있다. 책상도 어지럽고 책장도 어지럽고 방도 지저분하다. 이런 사람은 가방도 혼란스럽고 하드디스크도 정신이 없다.

정리가 잘 되어서 물건을 잘 찾는 것이 시간관리를 잘하는 것이다. 즉, 정리를 잘하는 것이 시간관리다. 정리가 안 되는 사람은 항상 혼돈 속에서 사는 사람이다. 이런 사람은 청소 같은 일은 비생산적이고 무의미하다고 생각한다. 방청소를 못하는 사람은 책상청소도 못한다. 책상 청소를 못하면 컴퓨터 하드 청소도 못한다. 이메일의 스팸 청소도 못한다. 하나를 보면 열을 알 수 있다. 자기 방청소조차 제대로 못하는 사람이 어떻게 회사의 커다란 일을 할 수 있겠는가? 회사의 대표는 자기 책상조차 제대로 정리하지 못하는 직원은 바로 정리해버려야 한다. 책상 하나조차 정리 못하는 사람이 승진되어서는 안 된다. 정리 못하는 사원은 기획도 제대로 못하고 기일에 맞추어 내는 것도 힘겹다. 항상 머리가 복잡한 사람이기에 인생 자체가 정리가 안 되는 사람이다. 그런 사람은 먼저 스스로 정리할 시간이 필요하다.

회사의 직원이 된다는 것은 회사의 목표를 위해 매진할 사람을 구하는 것이다. 가정도 마찬가지다. 집에서 가정조차 제대로 운영을 못해서 시끄러운 사람을 승진시켜서는 안 된다. 키움증권의 김봉수 대표님은 가정생활이 시끄러운 사람은 반드시 회사에도 가정의 문제를 갖고 온다고 말씀하신다.

무엇이든 정리조차 제대로 못하는 사람은 바로 정리대상 1호다.
당신의 책상은 깨끗한가?

시간의 성을 지키는 군사들

시간의 성을 공격하는 좀비들로부터 당신의 성을 지키는 용맹한 군사들이 있다.

··· 책

성공한 사람들은 집중력이 있다.
성공한 사람들은 관리력이 있다.
성공한 사람들은 실천력이 있다.

당신은 자신의 계발을 위해 매월 몇 권의 책을 읽고 있는가? 지난달 어떤 책을 읽었는지 그 책의 이름을 기록했는가? 기록하지 않으면 기억이 나지 않는다. 책을 읽을 때 밑줄도 그으며 생각을 하는가? 독서일기나 메모를 기록하는가? 아니면 책에 펜으로 쓰는 것이 두려워 그냥 주욱 읽고 덮어버리는가?

매월 몇 권의 책을 목표로 설정한 사람은 그나마 목표를 세우지 않은 사람보다 더 열심히 책을 보려고 노력할 것이다. 치밀하게 계획해도 우리의 게으른 몸을 이기는 것은 쉬운 일이 아니다. 성공이 힘든 것은 자신의 게으른 몸을 이겨야 하기 때문이다.

어느 누구도 당신에게 매일 3권의 책을 읽지 말라고 금지하지 않았다.
만일 정부가 매일 3권의 책을 읽지 않으면 사형에 처한다고 발표를 하면 모두 열심히 3권씩 읽을 것이다. 어떤 나라도 '성공을 위해 3시간씩 공부하라'고 법으로 정하지 않았다. 성공이 힘든 이유는 아무도 강제로 시키지 않기 때문이다.

4년간 4,000권의 책을 읽은 사람이 있다. 일본의 나카타니 아키히로라는 사람으로, 4년간 4,000권의 책과 4,000편의 영화를 보았다. 그리고 지금까지 750여 권의 책을 써내기도 했다. 4년간 4,000권의 책을 읽는 것이 힘들다면 '최소한 평생 4,000권의 책을 읽겠다'라는 꿈을 꿔야 하지 않을까?

   작년에 당신은 몇 권의 책을 읽었는가? 몇 권인지 세어보지 않았다면 노트를 꺼내 적어보라. 5권밖에 안 된다고? 그럼 당신은 앞으로 10년간 계산해서 50권의 책을 읽게 될 것이고 30대라면 60대까지 30년간 150권의 책을 읽게 될 것이다.

   어떤 사람은 30년간 150권의 책을 읽고 어떤 사람은 4년간 4,000권의 책을 읽는다. 사람은 결코 평등하지 않다. 책을 많이 읽는 사람이 더 똑똑해지고 더 현명해지는 것은 당연한 법칙이다.

   지금까지 책 몇 권을 읽었는가?
   지금까지 읽었던 책 중에 가장 감명 깊었던 책을 10권을 적어보라.

   나는 더 큰 서재가 필요해서 열심히 돈을 번다. 더 많은 책을 사서 읽기 위해 돈을 번다.
   먹고사는 것을 넘어서면 당신이 정말 하고 싶은 것을 찾게 된다.
   나는 책을 읽기 위해 살고 있다.

   ··· 음악
   당신은 이미 모차르트이다.

취미는 좋은 것이다. 야근하면서 회사에만 있는다고 해서 좋은 직원이 아니다. 21세기는 다양한 공부를 Fusion시키는 사람이 새로운 기획을 하고 새로운 창조를 하는 시대다. 한국의 입시교육은 뒤떨어진 교육방식이다. 한국의 교육이 나를 멋지게 만들어주리라는 기대는 버려야 한다. 당신 스스로 관심이 가는 취미와 교육을 찾아야 한다. 무엇인가 배우는 순간 당신은 젊은 것이다. 아무리 젊어도 무엇인가 새로운 것을 배우지 않고 있다면 그 사람은 젊음을 낭비하고 있는 것이다. 젊음은 준비를 철저히 하라는 하나님의 선물이다. 즐기고 마시고 날려버리라는 시간이 아니다.

음악을 가까이하면 행복하고 플러스 에너지가 흐르게 된다. 음악을 배우면 배울수록 음악을 더 이해할 수 있게 된다. 무엇인가 새로운 것을 배우는 사람은 이미 마젤란이 아닐까?

나는 그림을 그릴 수 있고 글을 쓸 수 있다. 회화력과 작문력은 있는데 작곡을 하지는 못한다. 어려서는 음악이 너무나 싫었던 과목이었는데 몇 년 전부터 음악을 너무 공부하고 싶어졌다. 그래서 몇 년 전에 미디음악을 배우기 시작했다. 관련도서를 사고 화성악과 작곡에 관한 강좌들을 다운받고 미디장비들을 하나둘씩 사고 있다. 새로운 것을 배워나가는 것은 커다란 행복을 준다.

삶에 대한 열정은 남이 당신에게 주는 것이 아니라 당신이 스스로 찾는 것이다.

정말 하기 싫은 일을 해보면 정말 하고 싶은 일을 찾게 된다.

당신은 무엇을 배우고 싶은가?

… 무엇인가 새로운 곳 찾기

당신은 이미 콜럼버스다.

항상 똑같은 식당만 가고 똑같은 음식만 먹고 똑같은 영화만 보는 사람이 있다. 반면에 항상 새로운 곳으로 모험을 떠나고 새로운 사람을 만나고 새로운 음식을 먹어보는 사람이 있다. 새로운 모험을 하지 못하는 사람은 용기가 약하기 때문이다. 용기가 없으면 발전이 없다. 과거의 나를 뛰어넘는 것조차 무섭다면 발전은 없다.

나는 뉴욕, 맨해튼에 살다가 2005년에 한국에 돌아왔다. 지금 생각해보면 맨해튼에 사는 동안 더 구석구석 구경하지 않은 것이 후회가 된다. 맨해튼에 잠시 있는 동안 더 방방곡곡 찾아다니지 않은 것이 후회가 된다. 우리가 서울에 살면 63빌딩 구경을 잘 가지 않는다. 뉴욕에 사는 사람들이 자유의 여신상에 가지 않는 것과 마찬가지다. 산다는 생각을 하지 말고 여행을 왔다는 생각을 해야 한다. 당신은 한국에 잠시 여행을 하러 온 것이다. 따라서 여행을 왔는데 쓸데없는 적대심을 키울 필요도 없다. 쓸데없는 지역감정도 필요 없다. 전라도와 경상도로 나누어 혜택을 입는 사람들은 정치인들뿐이다. 경상도도 가보고 전라도도 가보면 다 같은 한국인들이고 독특한 문화도 많다.

누군가를 미워하고 싫어하라고 태어난 것이 아니다. 겸허한 마음으로 배우고 즐기고 느끼고 감사하면 된다. 여행을 할 땐 항상 카메라를 갖고 기록을 남겨라. 사진만 남기는 것이 아니라 마음의 기록도 남겨라.

여행일지를 쓰기 시작하라.
당신은 지구에 태어난 것이 아니라 지구로 여행을 잠시 온 것이다.

··· 언어
당신은 이미 외교관이다.

영어를 배우는 사람은 많다. 하지만 영어를 잘하는 사람이 드문 이유는 무엇일까? 영어를 위한 공부가 아니라 점수를 위한 공부만 하기 때문이다. 진정으로 영어를 잘하겠다는 사람은 한국에서 외국인들이 많이 다니는 곳으로 가라. 그들을 만나보면 의외로 사귀기가 쉽다는 것을 깨닫게 된다. 그냥 말을 걸면 친절하게 대답하는 경우가 많다.

언어를 제대로 배우고자 하는 사람은 외국 사람들을 두려워해서는 안 된다. 가끔 외국여행을 나가서 영어로 대화할 때가 있다. 그러나 한국에서도 배우지 않다가 갑자기 사람들을 만나 영어의 세계로 나가고자 하면 당연히 안 될 것이다.

당신은 현재 외국어를 공부하고 있는가? 예전에 비하면 외국어를 공부하는 것이 너무나 편리해졌다. 당신이 외국어를 공부하고 있지 않은 것은 학원비 때문이 아니다. 하루 식사비용이나 술값이면 한 달 학원비를 마련할 수 있다. 단지 외국어를 공부할 시간을 할애하는 것이 귀찮기 때문이다. 공부하기가 귀찮기 때문이다. 성공을 하지 못하는 사람은 이유가 있다.

올해 당신은 어떤 외국어를 마스터하고 있는가?

중국어　|　일본어　|　스페인어　|　러시아어　|　이태리어
독일어　|　불어　|　포르투갈어　|　영어

··· 글쓰기

당신은 이미 셰익스피어다.

글은 쓰면 쓸수록 쓸데없는 말이 적어지는 것을 느끼게 된다. 작문을 잘하려면 먼저 독서를 많이 해야 한다. 생각을 많이 해보고 글을 많이 써봐야 한다. 글을 잘 쓰는 사람은 생각의 정리를 잘 하는 사람이다. 글을 잘 쓰는 것은 논리적으로 설득을 잘 한다는 것이다. 소설을 잘 쓰는 사람은 자신이 만든 상상의 세계에 사람들이 빠지는 것을 좋아한다.

먹고사는 것이 힘든 후진국일수록 생존이 가장 중요한 이슈다. 하지만 선진국으로 진화할수록 지식과 문화가 존중받게 된다.

한국은 이제 후진국을 벗어나 선진국으로 입성하고 있다. 박찬욱, 봉준호 같은 한국의 영화감독이 세계적으로 인정받기 시작했다. 영화는 영상문학이다. 영화의 뼈대도 글이다. 재미없는 영화는 영상효과가 좋지 않아서가 아니라 스토리가 좋지 않기 때문이다.

예전에는 글을 못 배운 사람이 많아서 글을 아는 지식인이 지배계층이었다. 지금도 바뀐 것은 없다. 글을 잘 쓰는 사람이 성공하는 시대다.

글을 많이 읽는 사람이 글을 잘 쓰는 것은 당연한 것이다.
기획서를 많이 제출하는 인재가 회사에서도 인정받는 것이다.

나카타니 아키히로는 50세도 되지 않았는데 750권의 책을 썼다.
나도 글을 쓰기 위해 책을 산다. 무엇인가 만들어내는 쾌감, 창조하는 기쁨에 중독이 되면 술을 마시거나 담배를 피우는 것보다 훨씬 커다란 행복을 느끼기 때문이다.
글을 잘 쓰는 사람은 점점 더 잘 쓰게 된다. 지식도 빈익빈 부익부 현상이 일어나는 것이다.

당신은 죽기 전에 몇 권의 책을 쓰고 싶은가?
최소한 한 권의 책은 써야 하지 않을까?

당신은 어떤 분야의 책을 한번 써보고 싶은가?

… 기발한 생각

벤자민 프랭클린은 10세에 학교를 그만두고 인쇄공인 형 밑에서 견습공으로 일하면서 영문법과 대수학, 지질학, 철학, 항해술 등을 독학으로 공부하였다. 그리하여 그는 작가, 화가, 발명가, 정치가, 철학자, 사업가, 과학자, 편집자로 활동했다.

프랭클린은 번개가 전기임을 증명하고 피뢰침을 발명했다. 근·원시 겸용 안경과 흔들의자, 프랭클린 스토브를 발명하기도 했다. 또한 공기가 나쁜 곳에서 병이 전염됨을 밝혀내고 멕시코 만류가 존재함을 처음으로 시사했다.

그는 미국 최초의 화재 보험회사를 세우고 미국 최초의 병원을 세우는 데 일조했다. 미국 최초의 소방서, 대여도서관을 세우고, 최초의 우편제도를 만들어냈다. 훗날에는 아이비리그 대학의 하나인 펜실베이니아 대학을 세웠다.

세상에 엉뚱한 상상은 없다. 엉뚱한 상상을 했던 사람들이 세상을 편리하게 만들었으니까. '에이, 그게 말이 돼?'라고 말하는 사람은 절대로 새로운 것을 만들어내지 못한다. 세상에 말도 안 되는 상상은 없다. 편리한 상상을 하다 보면 점점 더 기발한 생각들이 나올 것이다. 이상한 상상을 한다면 당신은 이미 벤자민 프랭클린의 기질이 있는 것이다. 토마스 에디슨도 말도 안 되는 상상을 현실로 만든 사람이 아닌가? 희한한 생각들을 기록하라. 당신은 점점 더 에디슨을 닮아갈 것이다.

미국이란 나라의 저력은 젊은이들의 상상력을 존중한다는 것이다. 젊은이들이 마음껏 상상력을 갖고 모험을 할 수 있는 바탕을 정부와 사회가 뒷받침해준다. 이런 환경 속에서 빌 게이츠나 스티브 잡스 같은 천재들이 멋진 것을 만들어 전 세계인들이 쓰게 만들고 천문학적인 돈을 벌어들였다. 미국정부는 당연히 빌 게이츠와 스티브 잡스로부터 천문학적인 세금을 받게 되는 것이다. 젊음의 힘이 가장 강력하다.

세상의 보물섬은 멀리 있는 것이 아니다. 인터넷게임으로 엄청난 부자가 된 사람도 많다. 물론 잘되지 않은 사람도 있다. 실패할 것만을 두려워하면 아무것도 하지 마라. 시도하는 것이 두렵다면 왜 더 잘살려고 하는가? 집도 팔고 시골로 들어가 은둔생활을 하고 농사도 직접 짓는 것이 낫지 않나?

모험 없이 성공도 없다. 기발한 상상력이 바로 모험 사고력이다.
미국의 힘은 기발한 상상력을 하는 젊은이가 아닐까?

… 운동

건강은 젊어서부터 지켜야 한다. 나이 40에 갑자기 운동을 시작하면 무리만 온다. 운동을 평상시에 하지 않으면 그만큼 노화가 촉진되고 그만큼 병에도 쉽게 걸릴 수밖에 없다. 대한민국이 선진국이 될수록 예전보다 많은 사람들이 웰빙문화를 찾는 이유는 무엇일까? 보다 건강하게 사는 것이 단순히 끼니를 때우는 것보다 더 중요하다는 것을 깨달았기 때문이다. 건강하게 살고 싶다면 바로 지금부터 건강을 위한 운동을 매일 해야 한다.

당신은 지금 어떤 운동을 하고 있는가?
매일 최소한 20분의 운동을 습관적으로 하고 있는가?

지난번에 나는 압구정의 신비태웅회관에서 무에타이를 했다. 그리고 바로 근처 헬스클럽에서 운동을 했다. 내게 있어 가장 행복한 순간의 하나가 바로 운동할 때이다. 특히 남자는 매일 운동을 해야 한다. 자신감을 위해서이다. 건강한 신체에 건강한 정신!

나는 담배를 피우지 않는다. 하지만 담배회사의 주식은 공부했다. 적을 알아야 이기는 것처럼 중독에 걸린 사람들을 위한 사업공부를 해야 한다.

세상에는 좋은 것에 중독된 사람보다는 나쁜 것에 중독된 사람들이 더 많다. 인터넷게임, 술, 담배, 인스턴트 라면과 같은 것처럼. 하지만 이제 좋은 운동으로 바꿔보자.

수영 / 골프 / 스키 / 수상스키 / 헬스 / 요가 / 댄스 / 발레 / 테니스
달리기 / 등산 / 자전거 / 주짓수 / 마라톤 / 인라인 / 축구 / 야구
볼링 / 배구 / 농구 / 족구 / 태권도 / 합기도 / 택견 / 유도 / 해동
검도 / 스케이트 / 탁구 / 산악자전거 / 아이스하키 / 철인3종

돈은 아군도 적군도 될 수 있다

돈은 잘 쓰면 약이요 잘못 쓰면 독이 될 수 있다. 잘 사용하면 무서운 무기요 못 사용하면 나를 죽이는 무서운 폭탄이 될 수 있다. 쓸데없이 써버리는 돈이 있고 가치 있게 투자되는 돈이 있다.

… 돈이 무서운 적군이 되어 올 때
어떤 사람은 돈만 생기면 명품가방, 명품신발, 명품 옷을 사는 데 쓴다.

명품중독증은 과시중독에 걸린 것이다. 여기서 중요한 것은 '돈만 생기면'이다. 신발 세 켤레 살 돈을 모아 명품구두 한 켤레를 사서 몇 년간 신는 것은 오히려 더 경제적인 지혜에서 나오는 것이다. 명품에

중독된 사람이란 카드빚을 내면서까지 명품만을 필요 이상으로 모으는 사람이 아닐까? 아무리 명품이라도 시간이 지나면 결국 쓰레기에 불과한데 말이다. 당신은 미래의 쓰레기를 모으는 사람인가?

<u>어떤 사람은 돈만 생기면 도박하는 데 쓴다.</u>
주위에 최소 한두 명씩은 도박에 빠져 가산을 탕진한 사람들이 있다. 아무리 똑똑하고 잘나도 도박에 빠지면 그 사람이 망가지는 것은 시간문제다. 대박의 쾌감에 중독되어 밤낮으로 시간과 돈을 날리기 때문이다. 이제는 인터넷으로도 도박을 할 수 있는 세상이 되었다. 인터넷으로 하는 포커나 고스톱이 실제 돈으로 하는 게 아닐지라도 고스톱은 도박이 아닐까? 실제 돈이 없기 때문에 인터넷의 가짜 돈으로 한다고 해도 도박은 도박일 뿐이다.

<u>어떤 사람은 돈만 생기면 담배, 술, 여자, 마약에 쓴다.</u>
담배와 술 또한 합법적인 마약이 아닐까?
행복하기 때문에 마시는 술과 괴롭기 때문에 마시는 술이 있다. 괴로울 때 마시면 독주가 되지 않을까?
담배에 쓰이는 돈이 기부가 된다면 얼마나 좋은 세상일까? 담배에 쓸 돈으로 책을 산다면 매월 최소 10권은 사지 않을까? 담배와 마약의 차이는 크게 없다고 본다. 어떤 면에서 오히려 담배가 더 위험하지 않을까?
명품중독에 빠진 여자친구를 위해 시골에서 보내준 학비를 모두 명품가방을 사는 데 탕진하는 남자가 있었다. 여자친구나 부인 이외의 여자에 중독되면 술값도 많이 쓰게 된다. 예쁜 여자일수록 돈이 많이 들어간다. 여자에 빠진 사람은 곧 가정조차 소홀하게 된다.

세상에는 당신의 시간과 돈을 유혹하는 중독들로 가득하다. 정신을 제대로 차리지 않으면 어느 순간 당신의 돈도 시간도 그들의 것이 되고 만다. 뺏느냐 뺏기느냐의 싸움이다. 똑똑하지 않으면 당하는 시대에 살고 있다는 것을 깨달아야 한다.

<u>어떤 사람은 돈만 생기면 각종 연체료를 내는 데 쓴다.</u>

게으름 때문에 필요 이상의 돈을 매월 쓰는 것이 나쁜 습관이다. 가스비, 전기세, 만화책 등 미루는 습관을 가진 사람은 항상 연체료를 낸다.

돈이 성을 지키는 아군이 될 때

… 돈만 생기면 여행을 간다

여행은 최고의 교육이 아닐까? 여행은 공부도 되고 자극도 되고 새로운 모험도 할 수 있다. 스스로에게 할 수 있는 최고의 투자가 아닐까?

백문이 불여일견이다. 여행을 하면 세상이 얼마나 넓은지 직접 볼 수 있고 배울 수 있다. 난 세계를 누비는 한비야 씨를 존경한다. 한비야 씨를 보면 세계여행은 단지 돈으로 하는 것이 아니라는 것을 배우게 된다.

여행은 용기 있는 사람이 하는 것이다. 결심과 결단력도 있어야 한다. 당신이 지금까지 여행해 본 곳은 어디인가? 한국에서 앞으로 꼭 여행해보고 싶은 곳은 어디인가?

대전 / 광주 / 전주 / 여수 / 익산 / 부산 / 지리산 / 한라산 / 제주도 / 외도 / 보성 녹차밭 / 한산도 / 덕유산 / 삼척 대금굴 / 영덕 / 통영 / 백두산 / 설악산 / 무주 구천동 / 오대산 / 홍도 / 흑산도 / 춘천 / 목포 / 대구 / 안동 / 예천 / 영주 / 속초 / 금강산 / 울진 / 포항 / 울산 / 청주 / 충주 / 논산 / 예산 / 청도 / 북한산 /

올해부터 10년간 매년 한국에서 여행하고 싶은 곳을 선택해보라. 반드시 기록을 해야 한다.

1. ....
2. ....
3. ....
4. ....

5. ....
6. ....
7. ....
8. ....
9. ....
10. ....

해외에서 앞으로 꼭 여행해보고 싶은 곳은 어디인가?

뉴욕 / LA / 하와이 / 시애틀 / 밴쿠버 / 토론토 / 시드니 / 사이판 / 만리장성 / 소주 / 항주 / 마닐라 / 보라카이 / 오사카 / 나라 / 하코네 / 후지산 / 닛코 / 후쿠오카 / 규슈 / 그랜드캐년 / 라스베가스 / 플로리다 / 디즈니랜드 / 도쿄 / 교토 / 홋카이도 / 북경 / 홍콩 / 상하이 / 브라질 / 아르헨티나 / 파리 / 런던 / 독일 / 네덜란드 / 룩셈부르크 / 스위스 / 오스트리아 / 오스트레일리아 / 모나코 / 벨기에 / 이태리 / 러시아 / 태국 / 대만 / 베트남 / 말레이시아 / 싱가포르 / 인도네시아 / 터키 / 스페인 / 포르투갈 / 모로코 / 크로아티아 / 슬로베니아 / 이집트 / 그리스 / 인도 / 네팔 / 몽골 / 몰디브 / 스리랑카 / 우즈베키스탄

올해부터 10년간 매년 해외로 여행하고 싶은 곳을 선택해보라.

1. ....
2. ....
3. ....
4. ....
5. ....
6. ....
7. ....
8. ....
9. ....
10. ....

A4용지에 기록을 하고 프린트를 해서 책상 앞에 붙여두라.
보면 볼수록 현실화 될 것이다.

종이라는 물질에 기록을 하면 당신의 생각이 형상화가 된다.
당신의 생각을 물질로 바꾸려면 반드시 펜으로 기록을 하든가 인쇄를 해서 계속 봐야 한다.

⋯ 돈만 생기면 교육에 투자한다

Brian Tracy는 말했다. 수입의 3%를 당신 자신의 지식과 기술을 향상시키는 데 재투자하라고.

인터넷게임을 좋아한다면 단순히 게임만 즐기는 것이 아니라 언젠가 당신만의 게임을 만들 준비를 해야 한다. 간단한 인터넷게임이라도 만들어보려면 먼저 컴퓨터 프로그래밍을 배워야 한다.

대기업의 임원일수록 자기계발의 도사들이 많다. 아무도 모르게 자신의 교육에 투자하는 사람이 탄탄하게 내공을 쌓는 것이다. 자신의 발전에 지금 투자하는 사람이 미래의 성공을 일구는 사람이다. 돈만 생기면 책을 사고 끊임없이 공부하는 데에 쓰는 사람의 미래는 밝을 수밖에 없다. 공부에 중독된 사람은 좋은 것에 중독된 것이 아닐까? 교육에 투자하는 것은 돈을 보다 가치 있는 것으로 바꾸어 무형자산으로 바꿀 수 있기 때문이다.

올해부터 5년간 당신이 도전하고 싶은 공부는 무엇이 있는가?

Microsoft Excel / Microsoft Project / Microsoft Word / Microsoft Power point / Adobe Illustrator / Adobe Photoshop / Flash / CFA / FRM / MBA / J.D / M.A / C / C+ / JAVA Script / Oracle / Visual Basic / AutoCAD / 부동산 / 요리 / 미술 / 음악 / 새로운 운동 / 기타

올해부터 5년간 당신이 도전하고 싶은 공부는 무엇이 있는가?

1. ....
2. ....
3. ....
4. ....
5. ....

··· 돈만 생기면 주식에 투자한다

이 말을 자칫 오해할 지도 모르겠다. 하지만 냉철하게 보면 대부분의 사람들이 주식을 도박가처럼 투자해서 문제지, 투자자처럼 투자하는 사람은 문제가 없다. 지금까지 도박가처럼 투자해서 돈을 벌었다는 사람을 한 번도 본 적이 없다. 정신없이 주식을 사고파는 사람은 진정한 투자자가 아니라 진정한 도박가가 아닐까? 주식으로 도박을 하는 사람도 결국에는 패가망신하게 된다. 주식으로 투자를 하는 사람은 결국에는 재산을 몇 배로 키우게 된다.

주식투자에 관심이 있다면 월가의 전설 피터 린치, 워렌 버펫의 스승인 벤자민 그레이엄, 그리고 너무나도 유명한 워렌 버펫의 책들을 공부하고 그 밖의 가치투자를 하는 다양한 선생님들의 교재로 꾸준히 공부해야 하지 않을까?

빨리 한 방에 벌겠다는 사람은 욕심만 있고 정작 해야 할 공부를 하기 싫어하는 사람이다. 세상에 쉬운 것은 하나도 없다. 세상에 호락호락 내 마음대로 되는 것도 거의 없다. 한 발짝 한 발짝 확실하게 밟는 사람이 결국 승리하고 대충대충 우왕좌왕 눈치 보며 가는 사람이 결국 실패한다. 서둘러 성공할 수도 없으며 서두를 이유도 없다. 서두르는 사람은 토끼다. 묵묵히 가는 사람은 거북이다.

돈이 생기면 투자를 하는 사람이 되어야 한다. 공부는 당신에게 할 수 있는 최고의 투자가 아닐까?

공부하지 않는 사람은 몇 마디 말해보면 금세 알게 된다. 자신에게 투자하지 않는 사람은 점점 고지식해질 수밖에 없다.

돈만 많다고 성공하는 것이 아니다. 아무리 돈이 많아도 격이 떨어지면 그것은 진정으로 돈만 아는 장사꾼일 뿐이다. 돈만 많다고 존경받는 것이 아니다. 돈보다 더 중요한 것은 인간적인 품격이다. 품격은 돈으로 살 수 없는 것이다. 스스로 공부하는 사람만이 품격을 높일 수 있다.
당신은 스스로 품격을 높이는 사람인가? 아니면 스스로 품격을 낮추는 사람인가?

··· 돈이 생기면 부동산에 투자를 한다.

땅에 돈을 묻으면 돈이 금이 되어 쏟아지는 것이 아닐까?

모르던 부동산 경매를 배우고 경매를 통해서 싸게 자산을 하나씩 모은 사람이 결국 재테크에도 성공하는 것이다.

··· 돈이 생기면 자신의 회사에 투자를 한다

어떤 분이 자신이 만든 회사에 아낌없이 투자해서 10년 만에 가치 있는 회사를 만들어내었다. 시작한 지 10년 만에 1000억의 매출을 내는 회사를 만든 것이다. 그리고 코스닥에 상장까지 성공했다. 당신에게 10년이 주어진다면 무엇을 만들고 싶은가?

돈이 생기자마자 써버리는 사람은 진정 돈을 좋아하는 것이 아니다. 단지 돈으로 써버릴 것을 좋아하는 사람이다. 돈으로 교환할 그 무엇인가를 더 좋아하는 사람이다.

명품이 주는 일시적인 과시욕은 도박의 쾌감과 흡사하다. 일시적인 우월감을 제공할 뿐이다. 한국 사람들은 중국 사람들이 화려하고 보여주기를 좋아한다고 말한다. 하지만 정작 한국 사람들도 중국 사람들처럼 과시하는 것을 좋아하지 않는가.

돈이 있어서 사람들이 우러러본다고 생각하는 것은 진심으로 당신을 존중해서가 아니라 돈을 얻어내기 위한 수단으로 여기기 때문이다. 속으로는 욕을 하면서 당신의 돈을 다 뺏어가는 것이다.

돈을 모으는 것에 중독된 사람은 돈보다 자산 모으기를 좋아하는 사람이다. 진정 가치 있는 것이 자산이 아닐까? 주식이나 부동산도, 회사에 투자하는 것도 자산을 모으는 마음으로 투자해야 한다.

… 10년 후 당신의 돈은 어디에 있는가?

10년 후에는 1000억 이상 매출을 내는 회사를 만들고 싶지 않은가?
10년 후에는 100억 이상 수익을 내는 회사를 만들고 싶지 않은가?
10년 후에는 10억 이상 기부하는 회사를 만들고 싶지 않은가?

막연히 생각만 많은 사람은 생각만 하다가 인생을 끝내버리게 된다. 한 방만 생각하다가 한 방에 가는 사람도 있다.

아니면 10년 후에도 지금과 똑같은 모습을 유지하고 싶은가? 오히려 10년 후에 건강을 완전히 잃어버리는 사람도 있다. 10년 후에 사람들 사이에서 신용을 잃어버리거나 아예 신용불량자가 되는 사람도 있다. 결국 모든 것은 당신의 선택이다.

성공하는 사람은 항해일지가 있다. 실패하는 사람은 아무것도 없다.

당신은 몇 번을 선택하고 있나?

1번: 10년 후에 성장하는 사람

2번: 10년 후에 퇴보하는 사람

3번: 10년이 지나도 아무것도 변하지 않는 사람

당신은 지금 돈이 생기면 무엇을 모으고 있는가?

Step 3

시간의 성을 사수하라

T I M E B L O C K

성공을 선택한 사람들, 실패를 선택한 사람들

    고등학교 수능 만점이 잠만 자면 저절로 나오는가? 대학교에서 A학점이 저절로 나올 수 있는가? 멋진 회사에 입사하는 것이 이력서만 낸다고 되는가?
    성공은 누가 주는 것이 아니라 내가 적극적으로 만드는 것이다. 성공은 선택하는 것이다. 저절로 성공하는 사람은 하나도 없다. 당신이 미치도록 갈구하고 노력해야 하는 것이다.
    실패는 성공하는 사람들에겐 이겨내야 할 디딤돌일 뿐이다. 오히려 실패가 당신을 더욱 단단하게 만들어줄 것이다. 젊었을 때의 실패는 환영해야 한다. 젊어서 실패하기 위해서는 보다 일찍 시도해봐야 한다. 늦어서 실패하면 회복이 더디다. 그래서 젊어서는 사서라도 고생을 해야 하는 것이다. 실패에서 뼈저리게 느끼고 반성하고 배우는 사람은 반드시 성공하게 되지 않을까?

　시도하지 않는 사람에겐 실패도 없다. 시도하지 않는 것 자체가 실패가 아닐까?
　더 시도하라. 더 도전하라. 더 버텨라. 당신이 이 세상에 태어난 것 자체가 커다란 도전이다.

　대학에 가기 위한 공부도 모험이 아닌가? 열심히 하지 않을 것이라면 왜 공부를 하는가? 차라리 진심으로 자신이 좋아하는 것을 해야 한다. 진심으로 당신이 열심히 할 것을 찾아야 한다. 부모님이 가르쳐주는 것도 아니고 선생님이 선택해주는 것도 아니다. 당신이 직접 찾아야 하는 것이다.

　10대 중에 정말 공부가 싫고 프로게이머가 되고 싶은 학생이 있다면 한 달이라도 프로게이머가 되고 싶은 사람들의 삶을 직접 살아봐야 한다. 공부도 힘들지만 프로게이머의 세계도 얼마나 힘든지 겪어봐야 한다.
　20대, 30대 중에 본인의 직장이 싫은 사람들도 정말 하고 싶은 것을 주말에라도 직접 해봐야 한다. 차일피일 미루기만 하면 어느덧 40대가 되어버릴 것이다. 그때부터는 회사를 떠날 준비를 해야 할 것이다. 소수의 임원자리를 놓고 수년간의 암투와 인맥대결에서 살아남는 사람만이 선택되는 것이다. 선택되는 소수는 좋겠지만 선택되지 않는

다수는 무엇을 해야 할까?

 자신의 운명을 선택해야 할 시기가 다가오고 있다. 우왕좌왕하면서 게으르고 안일하게 '어떻게 되겠지'라고 생각하는 사람은 제자리걸음만 할 뿐 결국 후회 속에 두려움만 남은 40대로 전락할 수도 있다.

 우리가 태어난 것 자체가 모험이다. 이 세상 자체가 위험 덩어리가 아닌가? 하루하루가 처절한 전쟁이다. 반드시 이긴다는 승리의 정신으로 단단히 무장을 해야 한다. 당신은 이 모험에 성공하기 위해 태어난 것이다. 당신 자신에게만큼은 이겨야 하지 않을까? 게으른 당신만큼은 이겨야 한다. 물론 돈 많은 부모님에게 태어나 편하게 상속받은 돈으로 평생 펑펑 쓰면서 사는 사람도 있다. 지금 당장은 부럽고 좋아 보일지 모르지만 스스로 당신처럼 일어선 사람과 주어진 돈으로 살아가는 사람은 기본적으로 다른 것이 있다. 진정한 삶의 행복은 자기 스스로 도전하고 성공하는 사람에게 더욱 크기 때문이다. 본인의 힘이 아니라 다른 사람의 노동의 대가로 안주하는 사람은 점점 게을러지고 점점 나태해질 수밖에 없다. 어떻게 보면 그들이 더 불쌍한 사람이다. 스스로 증명하지 않으면 안 되는 위치에 태어난 것이니까. 무턱대고 그 사람들을 부러워 할 이유가 없다. 당신의 환경을 최고로 감사하는 것부터 시작해야 한다.

 남의 부인을 부러워만 하는 사람에게 어떤 부인도 곁에 있고 싶어 하지 않는다.

남의 자식을 부러워만 하는 부모에게 어떤 자식도 곁에 있고 싶어 하지 않는다.

진정한 영광은 과거 속에 있지 않고 당신이 끊임없이 행동하는 현재에 있다. 당신이 정말 하고 싶은 것을 하고 있는가? 바로 그 순간이 당신이 진정 숨을 쉬고 행복을 만끽하며 살아 있는 순간이다.

무엇을 하건 오늘 끊임없이 배우는 사람은 이미 성공을 선택한 사람이다.
무엇을 하건 오늘 끊임없이 일하는 사람은 이미 성공을 선택한 사람이다.

사랑도 배움이다. 과거의 실연이 두려워 새로운 사랑을 두려워하는 사람은 무엇인가 크게 잘못 생각하고 있는 것이다. 어떻게 당신은 사랑의 실패는 한 번도 안하고 성공만 하려고 하나? 어떻게 한 번도 지지 않고 이기려고만 하나? 지기도 하고 이기기도 하지만 절대 포기하지 않는 사람, 지는 것에서도 보람을 느끼고 힘든 것에서도 웃음을 지을 수 있는 사람이 진정 강하게 성공하는 사람이 아닐까?

세상이 두려워 실패하지 않으려 하는 사람들이 실패한 사람들이다.
자존심 때문에 실패하지 않으려는 삶이 완벽하게 실패한 삶이다.

두려움을 버려라. 다른 사람의 눈을 두려워하는 순간 당신은 다른 사람들을 위해 사는 사람이 되는 것이다. 창피함도 버려라. 무엇이 그렇게 창피한가? 아무리 당신의 부모님이 못났다고 해도 창피해해서는 안 된다. 아무리 당신의 부모님이 잘났다고 해도 우월감을 느껴서는 안 된다. 아무리 당신의 자식이 못났다고 해도 창피해해서는 안 된다. 왜 대한민국 사람은 부모님이나 자식으로 자신의 위대함을 증명하려고 하나? 왜 이토록 과시하고 자랑하고 상대방을 찍어 누르려고 하나? 아마도 너무나 약했기에 그런 것 같다. 너무나 자신감이 없기에 학벌로, 직장의 이름으로, 명함의 직책으로, 연봉의 액수로 상대방을 제압하려고 하는 것이 아닌지? 진심으로 자신감이 있는 사람은 실패를 감사하게 여긴다.

다른 사람의 시선을 두려워하지 마라. 당신이 주인공이며 다른 사람들은 단지 스쳐가는 배경화면일 뿐이다.

우리는 토머스 에디슨을 기억하지만 에디슨을 비평했던 수없이 많은 사람들의 이름은 알지 못한다. 우리는 패배자를 기억하지 않는다. 패배자는 승리하지도 못하니까. 성공을 선택한 당신은 실패를 두려워하지 않는 진정한 용기를 가진 사람이다. 다른 사람을 두려워 말고 지금 노력하지 않는 당신을 두려워해야 한다.

TIME BLOCK

행복을 선택한 사람들, 불행을 선택한 사람들

　당신은 지금 행복한가? 행복하지 않다면 그 이유는 무엇인가? 몇 가지 떠오르는 것이 있지 않은가?

　돈이 더 많아서 집이 생겼으면…
　갚을 대출금이 지금 당장 생겼으면…
　멋진 차가 생겼으면…
　명문대학교에 아무 노력 없이 합격했으면…
　남들이 다 우러러보는 멋진 직업을 아무 노력 없이 갖게 됐으면…
　최고의 명문회사에 손쉽게 입사했으면…
　최고의 명문회사에서 손쉽게 승진했으면…
　나의 자식이 반에서 1등, 전교에서 1등, 어디서나 1등 했으면, 그리고 내가 가지 못한 명문대학교를 입학했으면…

　당신이 지금 행복하지 않은 이유들로 대략 이와 같은 몇 가지를 꼽을 수 있을 것이다. 그런데 당신이 나열한 문제점들이 여느 다른 사람들의 고민과 비슷하다면 어떻게 당신의 문제만 쉽게 이루어지기를 바랄 수 있는가? 당신의 모든 고민거리들이 순식간에 해결되기를 바란다면 당신은 동화를 너무 많이 본 사람이다. 어쩌면 당신은 너무나도 이기적이고 자기중심적인 사람이다.

당신의 고민거리에 감사하는 사람이 먼저 되어야 한다. 당신이 원하는 것은 상상도 못 하고 당신이 가진 것을 꿈꾸는 사람도 많다. 건강이 나빠서 살 날이 별로 없는 사람들 앞에서 당신이 불행하다고 말할 수 있는가? 부모님이 없는 아이들 앞에서 부모님들로부터 당신이 상속을 많이 못 받아서 이 지경이라고 말할 수 있는가? 주어진 환경이 당신보다 훨씬 어려운 사람 앞에서 당신이 지금 생각하는 고민거리가 불행이라고 당당하게 이야기할 수 있는가?

욕심이 크기 때문에 행복하지 않은 것이다. 그래서 대한민국의 대부분의 사람들은 행복하지 않다. 왜냐하면 지금 우리 곁에 있는 행복을 선택하지 않고 질투와 시기만 선택하기 때문이다.

왜 나는 부자의 자식이 아닐까 한탄만 하고 사는 젊은이들이 있다. 그들은 진심으로 보여지기만 하는 허영과 단기적인 욕심으로 가득 차 있다. 노력의 대가를 지불하기는 싫으면서 뭐든지 노력하지 않고 한 방에 성공하려고 한다. 큰 것 한 방에 중독되어 복권에 당첨되기만을 꿈꾼다. 대가를 치르지 않으면서 손쉽게 과시만 하고 싶은 이기적인 욕심에 가득 차 있으면 당연히 항상 불행할 수밖에 없다. 시기심과 질투만 있으면 다른 사람들이 행복해하는 모습을 보면서 배만 아플 뿐이다.

결국 이 세상에 당신을 진정 사랑하는 사람은 당신밖에 없다. 부모님이 아무리 나를 사랑한다고 해도 나 대신 살아줄 수 없다. 당신이 부인이나 남편을 아무리 사랑해도 당신 대신 아파해줄 수 없다. 결국 당신도 부인이나 남편이 먼저 세상을 떠나면 홀로 남아 몇 년을 보내야 할 것이다. 그때 당신을 지켜주는 사람은 바로 당신이다. 먼저 자신을 사랑할 줄 아는 사람이 다른 사람도 사랑할 수 있지 않을까?

그래서 당신만큼은 당신을 위한 시간을 아껴줘야 한다.
그래서 당신만큼은 당신을 위한 약속을 지켜줘야 한다.
그래서 당신만큼은 당신을 위한 행복을 추구해야 한다.

지금부터라도 당신의 성공을 위해 시간의 씨를 뿌려야 한다. 아무도 당신을 위해 대신 성공해줄 수 없으니까. 왜 다른 사람들이 당신을 아껴주지 않는지 원망할 필요도 없다. 아무도 당신의 시간을 당신만큼 아껴줄 수 있는 사람은 없다. 오늘부터 행복해지는 습관을 만들어야 한다. 더 늦기 전에 습관으로 만들어야 한다. 결국 시간관리는 좋은 습관을 만들기 위한 것이다.

행복 습관을 만드는 것이다.
건강 습관을 만드는 것이다.
공부 습관을 만드는 것이다.
성공 습관을 만드는 것이다.

행복해지려면 무엇이 당신을 행복하게 하는지 기록하고 행복시간을 미리 예약해야 한다. 행복은 다른 사람이 당신에게 주는 것이 아니라 당신이 당신에게 주는 선물이다. 당신만이 일궈야 할 과제다. 바로 당신의 선택이다.

가난을 선택한 사람들, 부자를 선택한 사람들

아무리 가난하게 태어나도 악착같이 성공해서 부자가 되는 사람이 있다. 아무리 부자로 태어나도 거듭된 실패를 통해 처절하게 가난해지는 사람이 있다.

과학적 통계를 보면 부자가 가난한 사람들보다 더 오래 산다. 그렇다면 왜 부자들이 더 오래 살까? 돈도 많은 부자들이 더 일찍 죽어야 평등하지 않을까?

가난한 사람은 매일매일이 지옥 같다. 돈을 벌어야 생활이 되기 때문이다. 하지만 부자는 기본적인 생존의 문제로 머리가 덜 아프기 때문에 스트레스를 상대적으로 덜 받고 살게 된다.

가장 커다란 실패의 원인은 스트레스, 즉 마이너스 에너지다.

괜히 부자라면 미워하는 사람들이 있다. 부자들은 다 나쁘다고 생각하는 지극히 고지식한 사고를 가진 사람들이 있다. 부자를 미워하면 절대로 부자가 될 수 없다. 부자가 되려면 부자처럼 생각해야 하기 때문이다. 부자를 미워한다는 것은 가난을 선택했다는 것이다. 가난이 좋으면 가난 속에서 영원히 고통받으며 살 수밖에 없다. 부자들에 대한 막연한 증오, 미움으로 가득 찬 사람에게 긍정적인 축복을 기대하기 어렵기 때문이다.

가난은 자랑거리가 아니다. 대한민국이 1900년도에 약했던 것은 자랑거리가 아니다. 그렇다고 가난이 창피한 것도 아니다. 우리는 1960년대를 거쳐 가난으로부터 벗어난 기적의 나라다. 한국전쟁으로 인한 가난에서 고통받았던 시절로부터 우리 부모님과 조부모님 세대들이 억척같이 노력해서 이루어낸 업적이다. 가난을 이겨낸 우리가 자랑스럽지 않은가?
　가난은 생존이 힘든 상태다. 단지 벗어나야 할 상태다. 하루빨리 벗어나기 위해 무엇인가 행동하라는 '신호'이다.

아무리 많은 돈을 상속받거나 복권에 당첨되어도 그 많은 재산을 다 날리고 빚쟁이가 되는 이유는 쓸데없는 과소비, 도박, 낭비벽 때문이 아닐까? 아무리 부자라도 도박에 빠지면 다 잃어버린다. 수학을 배우면 확률에서 반드시 지는 것을 배우게 된다. 알면서도 낭비하는 사람은 결국 가난해진다. 가난해지는 이유는 결국 과욕 때문이다. 쓸데없는 욕심이 실패를 불러온다.

시간관리는 좋은 부자의 꿈을 관리하는 것이다.

시간관리는 좋은 부자의 행복을 관리하는 것이다.
행복한 부자가 되기 위해 시간관리를 하는 것이다.

미래의 행복한 부자가 되려면 오늘부터 부자가 되는 공부에 시간을 투자해야 한다. 이 세상에 아무런 노력 없이 저절로 부자가 된 사람은 없다. 세상에 공짜는 없다. 쉽게 부자가 된 사람은 쉽게 써버린다. 결국엔 더 빨리 망해버리기도 한다. 쉽게 흥한 사람은 결코 오래가지 못한다.

5년 후에 10년 후에 부자가 되려면 지금부터 부자 습관을 만들어야 한다. 결국 시간관리는 행복하고 건강하고 좋은 부자가 되는 습관을 만들기 위한 것이다.

가난은 버려야 하는 것이다. 먼저 가난을 버리고 부자를 선택해야 한다. 왜 부자들이 부자가 되었는지 알고 싶지 않은가? 왜 가뱅들이 가난하게 되었는지 알고 싶지 않은가?

서점에 가면 부자가 되는 책은 많지만 가뱅이 되는 책은 한 권도 없다. 가난한 사람은 책을 읽어서 부자가 되고 부자들은 책을 읽어서 더 부자가 된다. 책을 읽지 않는 사람은 점점 가난해지고 가난한 사람은 책을 읽지 않아 점점 더 가난해진다.

부자를 선택하는 사람은 배움을 선택한 사람이다.

TIME BLOCK
불평만 하는 사람, 칭찬만 하는 사람

불평, 걱정, 근심, 우울은 마이너스 에너지를 뿜어낸다. 하지만 친한 사람에게 이러한 마이너스 에너지를 뿜어낼 땐 조심해야 한다. 상대방도 똑같이 전염이 되어 같이 우울해질 수 있기 때문이다. 당신 주위에 마이너스 에너지를 발산하는 사람이 있다면 조금씩 멀리 해야 한다. 마이너스 에너지는 불행을 불러오기 때문이다.

부정적인 인간이 마이너스 에너지를 나누는 것은 그것을 소멸시키기 위해서이다. 하지만 그것은 오히려 소멸되지 않고 전염만 될 뿐이다. 부정적인 인간은 성공하려고 태어난 것이 아니라 마이너스 에너지를 주려고 태어난 듯 살아간다. 어떤 노력도 하지 않고 마이너스 에너지를 스스로 소멸시키지도 못하고 당신을 만날 때마다 불평과 걱정, 근심, 우울함을 나누어준다. 한두 번은 들어주어도 매번 불평만 하는 사람을 누가 만나고 싶어 할까?

삶에 대한 불만, 불평, 걱정, 의심, 우울함은 결국 자학이 되고 스스로 목숨까지 끊게 되는 경우도 있다.

만날 때마다 과거의 슬픔에 빠져 있는 사람이 있다. 처음에는 동정심도 일어나겠지만 만나기만 하면 당신이 슬퍼진다면 그 사람과 인연을 끊어라. 당신도 우울해질 것이다. 혼자 무인도에 가서 우울하게 살다가 가라고 하라. 그 사람은 어른이 되지 않은 것이다. 다른 사람의 동정심으로 살아가는 것은 어른이 아니다. 아직 덜 자란 응석받이 아기에 불과하다.

아무리 시간이 흘러도 그 과거의 상처가 만들어낸 슬픔으로부터 헤엄쳐 나오기를 거부하는 사람이 있다. 그런 사람에겐 딱 3번만 기회를 주라. 그래도 계속 슬픔 속에 살겠다고 하면 그냥 그대로 내버려두라. 더 이상 당신이 할 수 있는 것은 없다. 더 이상 당신의 시간을 낭비하지 마라. 현재를 불평하는 사람은 과거의 시간에 머무른 '왕년의 사람'일 뿐이다.

20년이 지나도 자신이 해낸 당신의 명문대 입학이 얼마나 어려웠는지 이야기하는 과거지향형 패배자들이 있다. 고등학교 시절 공부한 그 옛날의 향수에 빠져 평생을 사는 사람은 후회가 많고 스스로에게 불평할 것이 많을 것이다.

과거만을 생각하는 데 시간을 쓰는 사람에겐 현재도 없고 미래도 없다. 과거를 돌이켜보기만 하는 사람은 당연히 현재의 시간도 낭비하고 미래도 낭비하게 된다. 과거의 후회는 두 번 세 번 되풀이해서 아픔을 곱씹으라고 있는 것이 아니라 진한 배움을 한 번만 느끼라고 있는 것이다. 한 번 실수는 용서할 수 있다. 두 번, 세 번 똑 같은 실수를 하는 사람은 습관적인 것이다.

  현재를 불평하는 사람은 미래의 시간만 꿈꾸는 망상가이다. 이 사람은 현재가 아니라 미래만을 꿈꾸는 사람이다. 현재는 이미 날아가고 있다. 미래의 꿈을 생각하며 현재를 행동으로, action으로, execution으로, 실천으로 가득 채워야 한다. 현재를 불평으로 채우는 사람이 아니라 칭찬으로 채우는 사람이 되어야 한다.

  Positive Energy
  Positive Mind
  Positive Attitude
  Positive Vision
  Positive Smile
  Positive Praise

  당신이 플러스 에너지로 가득 차게 되면 다른 사람의 단점보다 장점이 더 눈에 들어오게 된다. 하루에 3번 세 사람에게 칭찬을 하도록 노력해보라. 아부가 아닌 칭찬을 해야 한다. 오늘부터 다른 사람들 앞에서 당신이 정한 사람의 칭찬을 하라. 그럼 그 사람들은 당신이 자신들의 칭찬을 다른 곳에서도 할 것이라고 믿을 것이다.

  당신의 입에는 좋은 것만 담으라.

욕을 담으면 욕이 돌아올 것이다.
꿈을 담으면 꿈이 돌아올 것이다.
사랑을 담으면 사랑이 돌아올 것이다.
칭찬을 담으면 칭찬이 돌아올 것이다.

당신의 입은 정교한 안테나이다. 입이 뿜어내는 것이 현실화가 된다. 당신은 매일 당신의 입으로 플러스에너지를 담고 있는가? 마이너스에너지를 담고 있는가?

노예가 되기 위해 태어난 사람, 자유를 얻기 위해 태어난 사람

우리는 일하고 산다. 우리의 부모님도 열심히 일했다. 대학 학자금을 갚기 위해, 아파트 구입 대출금을 갚기 위해 1년 단위로 시간을 판다. 우리는 1년간 노동을 회사와 거래하기도 한다. 1년간의 노동의 대가로 연봉을 정하기도 한다. 21세기의 우리는 빚을 갚기 위해 열심히 일하고 있다.

우리와 노예의 차이는 무엇인가? 노예는 자유가 없지만 우리는 자유가 있는 것일까? 경제가 발전하면서 노예는 없어졌다고 하지만 남들이 사는 아파트에 살기 위해, 남들이 모는 중형 자동차를 사기 위해, 남들이 다 하는 조기유학을 보내기 위해 우리는 스스로 돈의 노예가 된 것은 아닐까? 남들이 한다는 이유로 어찌 보면 우리는 예전의 노예들보다 더 열심히 일하고 있다.

돈으로 사고 싶은 것을 갖게 하는 마력은 자본주의의 꽃이다.
'욕심의 씨앗을 뿌려서 스스로 돈의 노예가 되도록 하라.'
오늘날 스스로 돈의 노예가 된 사람들을 많이 보기도 한다.

시간관리를 해보면 당신이 어디에 얼마만큼의 돈과 시간을 쓰고 있는지 분석이 가능해진다. 당신의 삶이 통계적으로 분석 가능해지는 것이다. 당신이 어디로 가고 있는지도 알게 된다. 무엇보다 시간관리가 중요한 이유는 자유를 얻기 위해서다. 돈의 노예가 아니라 돈의 마스터가 되기 위해서 시간관리를 반드시 해야 한다.

미국에서 경영대학원 MBA과정을 밟기 위해 많은 돈을 투자하면서 가는 이유는 보다 많은 돈을 벌기 위해서이다. 그런데 돈을 많이 벌어도 더 쓰는 사람은 여전히 가난하게 적자 속에 살게 된다. 아무리 1억 연봉을 받아도 매년 2억씩 쓰는 사람은 가난한 것이다.

TIME BLOCK

노예가 아닌 자유인이 되기 위해 시간관리를 하라

지금 당장 당신에게 1000억이 생긴다면 지금 하는 일을 그만두겠는가? 아니면 계속 하겠는가?

만약 1000억이 생겼을 때 지금 다니는 회사를 당장 그만두겠다고 말한다면 당신은 지금 당신이 다니는 회사에 단지 돈 때문에 억지로 다니고 있는 것이다. 다른 곳에서 더 높은 연봉을 제시하면 당신은 뒤도 안 돌아보고 떠날 것이다. 먹고 살기 위해 이 회사를 다니고 있는 것에 불과하다.

진짜 성공하는 사람이 회사에 다니는 이유는 미래의 CEO가 되기 위해서, 배움을 위해서이다. 봉급은 보너스이다. 당신은 회사를 더 효과적으로 경영하는 법을 배우기 위해 직장에서 일하고 있다. 그러므로 당신이 설사 말단사원이라 해도 사장처럼 생각하며 행동해야 한다. 그런 마음으로 일하는 당신은 언젠가 반드시 사장의 눈에 띌 것이며 보다 중요한 직책을 맡게 될 것이다. 자신의 회사처럼 일하는 사람과 월급을 주니까 매일 출석체크하는 사람. 당신이 사장이라면 어떤 사람을 키우고 싶은가? 말단사원의 마인드가 아니라 CEO의 마인드를 가진 사람이 또 엄청난 CEO가 되는 것이다. 회사에 돈을 벌러 가는 것이 아니라 진정한 MBA코스를 돈을 받으면서 밟고 있다고 생각하라. 당신이 사장인 듯 끊임없이 기획을 내고, 다른 사람들의 이목을 두려워하지 않고 회사를 발전시키는 데 노력해야 한다.

1000억이 생겨도 대학에 가고 싶으면 대학에서 공부하는 것을 진짜 좋아하는 사람이어야 한다. 안철수 소장님은 진정 공부를 좋아하는 사람이 아닐까? 언젠가 나도 안철수 소장님을 만나 뵙고 좋은 가르침을 듣고 싶다. 시간관리의 달인이시기에 이 책도 선물로 드리고 싶다.

먹고 살아야 하는 기본 생계비가 보장되었을 때, 돈에 관계없이 당신이 정말 해보고 싶은 일이 진정 당신이 하고 싶은 꿈이다.

돈의 노예가 되면 안 된다.
꿈의 노예가 되어야 한다.

시급, 연봉을 버는 사람보다 시급, 연봉을 주는 사람이 되어야 한다. 돈이 당신의 노예가 되도록 만들어야 한다. 돈이 당신의 노예가 되면 그 돈을 위해 일할 노동자들은 얼마든지 많이 있다. 돈이 당신을 위해 일하게 될 때부터 당신은 돈을 위해 시간을 쓰는 것이 아니라 당신의 자유를 위해 시간을 쓰게 된다. 돈을 위한 시간이 아니라 자유를 위한 시간을 만나게 된다. 진정한 자유는 당신의 인생을 당신 스스로 계획할 때 얻어지는 것이 아닐까?

시간관리는 자유인을 위한 시스템이다.

노예는 시간관리를 할 이유가 없다.

시간관리가 되는 것이 노예이기 때문이다.

당신에게 1000억이 생기면 무엇을 해보고 싶은가?

다섯 가지 꿈을 적어보라.

입사시험에 이 시험이 나온다면 잘 적을 수 있을까?

가장 소중한 당신을 위한 5가지 꿈을 제대로 적어야 한다.

1.

2.

3.

4.

5.

Step 4

타임블럭이란?

TIME BLOCK

시간이란 무엇인가?

··· 시간은 피와 같다

지금까지 이 책을 읽었다면 어떤 느낌인가? 읽을 만한 책인가? 지금까지 책의 느낌이 좋았다면 당신은 나에게 100만 원을 빌려줄 수 있는가? 아니, 나에게 1000만 원을 빌려줄 수 있는가? 또 당신은 제일 친한 친구에게 얼마까지 빌려줄 수 있는가?

한 시간 동안 당신의 온몸에 있는 피가 몇 바퀴 도는지 아는가?

당신의 피가 온몸을 한 바퀴 도는 데 걸리는 시간이 있다. 시급이 6,000원인 사람은 한 시간 동안 온몸에 피를 돌린 대가로 6,000원을 받는 것이다. 결국 시급이란 당신의 몸에 피가 도는 한 시간 동안 일한 만큼 받는 대가이다. 즉 당신이 일하는 시간은 열심히 피를 돌려야 하는 시간과 같다.

　피를 돌려야 버는 것이 돈이다. 돈은 피 같은 존재이다. 그래서 돈은 숭고하다. 돈은 땀 같은 존재이다. 절대로 돈은 더러운 것도 하찮은 것도 아니다. 유교사회는 돈을 돌같이 보라고 했는데 돈은 돌이 아니라 금이다. 유교사회가 만든 조선은 그래서 망한 것이다. 좋은 선비정신도 있지만 결국 조선은 망했다. 우리가 사는 대한민국은 1945년에 해방되어 새로운 전기를 맞이한다. 대한민국은 아직 100년도 되지 않은 신생국가가 아닌가?

　돈 때문에 스스로 목숨을 끊는 것은 그만큼 생사의 핵심에 있다는 것이다. 돈을 숭배하라는 것이 아니다. 돈은 숭고한 것이다. 돈은 노력의 상징이다. 한국인은 겉으로는 돈을 돌처럼 보는 것같이 행동할 뿐이다. 돈을 싫어하는 한국인은 없다. 돈을 싫어하는 미국인도 없다.

　돈은 필요한 존재이며 GNP 2만 불 시대에서 대한민국이 2만 불에 집착하는 이유는 무엇일까? 돈은 생산성도 상징하기 때문이다.
　자본주의 사회에서 돈은 힘을 상징한다. 돈을 돌이라고 생각하는 사람은 돌(?)에 맞게 된다. 돈이 없이 사랑만으로 결혼할 수 있나? 아무리 사랑해서 결혼을 해도 돈이 떨어지면 부부싸움으로 멀어지고 결국엔 원수가 되기도 한다. 혼수 때문에 파혼하는 커플이 얼마나 많은가? 21세기의 한국은 순수한 결혼보다 조건적 결혼, 달리 말하면 돈과 계약 결혼을 하는 경우가 급속도로 증가하고 있다.

사실 여자가 희생을 강요당하는 시대는 지나갔다. 남자가 소리 지르고 마음대로 하던 조선시대는 끝이 났다. 여자가 돈을 더 벌기도 하는 여성 상위의 시대다.

중국의 유교사상으로 인해 우리의 조상은 사농공상을 최고로 받들었다. 예전의 백정들이 지금은 정육점 사장이 되었다. 양반들로서는 천지개벽이 아닐까? 불과 백 년 전까지만 해도 백정들은 동네 아이들에게도 놀림을 받던 사람들이었다. 우리는 그토록 고지식했다는 것이다. 합리적이고 과학을 중시하지 않고 시대에 뒤떨어진 고상한 사상 때문에 일제 침략과 강대국들의 압박을 받은 것이 아닐까? 근대화 발전도 흥선대원군의 쇄국정책으로 일본보다 늦어지기만 했을 뿐이다. 이런 사상 때문에 우리나라는 대대로 상인들을 천하게 취급하였다. 그렇게 보면 삼성이나 현대 같은 대기업은 오늘날 최하급의 천민이 되어야 한다.

현실은 어떤가? 자본주의 사회에서 우리는 장사꾼을 장사꾼이라고 부르지 않고 상인들을 상인이라 부르지 않고 재벌이라고 부른다. 상인들이 귀족이 된 것이다. 책공부를 한 양반들이 귀족이던 시대가 지나갔다. 싸움으로 한 시대를 풍미했던 일본의 사무라이들은 오늘날 야쿠자, 조폭이 되었다. 자본주의 시대에 상인들이 가장 우대받는 계급이 되지 않았나? 돈은 천하다고 생각하는 것 자체가 천한 생각일 뿐이다. 절대로 돈을 천하게 생각해서는 안 된다. 돈은 잘 쓰면 세상을 구하고 잘 못쓰면 세상을 멸한다고 하였다.

시간을 돌려 번 소중한 피를 시간으로 다시 키우는 법을 배워야 한다. 연금술은 바로 당신이 피를 돌려 만든 돈에 시간을 섞는 것이다.

시간을 돈에 뿌리는 것을 투자라고 한다. 꽃에 물을 뿌리듯 돈에 시간을 뿌리면 이자의 힘으로 몇 배가 된다. 그래서 시간을 공부해야 한다. 경제와 금융의 공부는 돈과 시간의 학문이다. 돈의 가장 신비한 비밀은 돈이 시간을 만났을 때 생기는 현상이다.

그래서 피 같은 시간을 함부로 흘려서는 안 된다. 피 같은 돈을 함부로 빌려줘도 안 되고 빌려서도 안 되는 것이다. 세상에는 피를 잘 모으는 사람이 있고 피를 질질 흘리다가 죽어버리는 사람이 있다. 당신의 피는 어떻게 사용되고 있는가?

… 시간에도 에너지가 있다

웃는 시간은 플러스 에너지가 쏟아지는 시간이다. 즐거운 시간이 없으면 능률이 오르지 않는다. 긍정적인 사고를 하라는 책이 수도 없이 많다. 플러스 에너지는 햇빛의 영향을 많이 받는다. 야행성 인간일수록 마이너스 에너지의 경향이 강하다. 풍수지리에서도 집을 구할 때 남향, 북향, 동향, 서향을 따진다. 자연의 햇빛을 받지 않는 사람은 점점 우울해진다. 영국은 비가 많은 우울한 나라이다. 날씨에 영향을 받는 지역은 살기 어려운 곳이다. 햇빛에 자라는 나무처럼 사람도 햇빛, 즐거운 음악, 양분이 많은 책, 감동을 주는 영화를 보면 볼수록 삶이 더 건강해진다.

당신은 어떤 에너지를 발산하고 있는가? 당신의 시간에 어떤 에너지를 먹고 있는가? 'You are what you eat'이라는 영어표현이 있다. 당신이 먹는 것이 곧 당신이라는 것이다. 당신의 시간에 마이너스 에너지를 먹고 있다면 저절로 부정적인 사람이 될 것이다. 반면 당신의 시간에 플러스 에너지를 먹고 있다면 긍정적인 사람이 될 것이다.

당신은 무엇을 할 때 가장 즐거운가? 오늘부터 당신을 행복하게 만드는 시간을 하루에 조금씩이라도 만들어야 한다. 하루에 행복감을 최소한 한 번은 느껴야 한다. 그러면 점점 플러스 에너지의 시간이 늘어갈 것이다.

역사 속의 리더들은 모두 열정적인 에너지를 방출하는 인간발전소였다. 당신은 매일 몇 KW의 에너지를 방출하고 있는가?

⋯ 시간에도 소리가 있다
세상에는 다양한 소리가 있다.

즐거운 시간에 나는 소리
행복한 시간에 나는 소리
괴로운 시간에 나는 소리
외로운 시간에 나는 소리
탄생의 순간에 나는 소리

죽음의 순간에 나는 소리
사랑하는 시간에 나는 소리
부부싸움 시간에 나는 소리
비판하는 시간에 나는 소리
칭찬하는 시간에 나는 소리
회의하는 시간에 나는 소리
논쟁하는 시간에 나는 소리

당신은 어떤 소리를 좋아하는가?

세상에는 다양한 음악이 있다. 나는 특히 라이브 뮤직을 좋아한다. 콘서트에 가는 것도 좋아한다. 가수, 피아니스트, 테너 가수 등 음악가가 인기가 많은 것은 단지 음악을 잘하기 때문이 아니라 주어진 시간에 모든 열정을 쏟아 붙는 능력을 가졌기 때문이다.

컴퓨터로 음악을 들어도 되는데 굳이 인기가수의 콘서트에 직접 가서 생음악을 듣는 이유는 무엇일까? 가수는 단지 노래를 잘 부르는 것이 아니라 소리를 통해 에너지가 전달되기 때문이다. 그 에너지는 온몸에 전달된다. 즉 좋은 소리를 통해 에너지가 전달되기 때문이다.

당신은 1년에 몇 번 음악회를 다니고 있는가?

외식 몇 번만 줄이면 된다. 술값 몇 번만 아끼면 된다. 박물관에 가서 좋은 것을 눈으로 보는 것과 똑같다.

당신은 하루에 몇 번 행복한 소리를 내고 있는가?
당신은 하루에 몇 번 한숨을 쉬고 있는가?

좋은 소리를 내야 좋은 소리를 듣게 된다. 좋은 음악을 들어야 행복해진다.

당신의 시간에는 어떤 소리가 나는가?

… 시간에도 향기가 있다

당신은 어떤 향기를 좋아하는가? 여행을 다니다가 냄새가 고약한 화장실을 가면 화가 치밀어 오르지 않는가? 사람들이 많은 곳에 누군가 인간의 냄새를 지긋이 흘리고 가면 화가 나지 않는가? 과음을 하고 구토를 해도 냄새가 고약하다.

샤워할 때 향기가 좋은 비누, 샴푸를 쓰는 이유가 무엇일까? 좋은 향기의 상품들을 수집하는 것도 좋은 투자다.

이제는 남녀 모두 향수에 열광하는 시대다. 자신이 좋아하는 향수를 매일 다르게 뿌리는 것도 방법이다. 조금만 신경을 쓰면 어디에서나 좋은 향기가 나는 공간을 만들 수 있다.

아기의 향기는 싱그럽다.
소녀의 향기는 발랄하다.
여인의 향기는 매혹적이다.
소년의 향기는 징그럽다.
청년의 향기는 진취적이다.
중년의 향기는 부드럽다.
노년의 향기는 우아하다.

열심히 일하고 샤워를 하면 향기가 난다.
부지런히 사는 사람은 성실의 향기가 난다.
게으르게 사는 사람은 가난의 향기가 난다.

향기 나는 시간에 행복과 건강이 있다.

건강한 사람은 좋은 향기가 난다.
불행한 사람은 슬픈 향기가 난다.

건강하지 않은 사람은 냄새도 나쁘다.
입 냄새, 발 냄새, 몸 냄새 등등……
하지만 몸에서 나는 향기보다 더 중요한 향기가 있다. 마음에서 나는 향기다. 성공할수록 좋은 향기를 만들어내야 한다. 행복할수록 더 좋은 향기를 나누어주는 사람이 되어야 한다.

당신은 어떤 향기를 내고 있는가?

… 시간에도 맛이 있다

맛있는 음식을 먹는 시간에 불행한 사람을 본 적은 없다.
맛없는 음식을 먹는 시간에 불평의 소리가 나온다.

맛있는 시간에 우리는 사랑하는 사람과 같이 식사를 한다.

맛있는 식사시간에 행복이 있다.
맛있는 식사시간에 건강이 있다.
맛있는 식사시간을 만들기 위해 돈을 버는 것이다.
맛있는 식사시간을 만들기 위해 사는 것이다.

당신은 왜 열심히 공부했는가? 왜 그렇게 열심히 일하고 있는가? 사실 먹고 살기 위해서이다. 맛있는 음식을 먹기 위해 다들 이렇게 열심히 사는 것이 아닐까?

왜 그렇게 성공하려고 하나? 맛이 있는 시간을 위해서이다.
매일 가족들과 똑같은 음식만 먹고 있나?
매일 친구들과 똑같은 커피만 마시고 있나?
왜 그렇게 재미없게 시간을 보내는가?

맛을 위한 여행을 다녀야 한다. 새로운 요리를 배우는 시간도 좋다. 새로운 음식의 세계를 탐험해야 한다. 괜히 비싼 음식을 먹으라는 것이 아니다. 세상엔 비싸지 않아도, 호텔 뷔페가 아니어도 맛있고 신기한 음식이 너무나 많다. 우리는 맛있는 것을 두루두루 탐험하기 위해 태어난 것이다.

당신은 매주 새로운 음식을 찾아 여행하고 있는가? 아니면 매일 김치에 밥만 먹고 사는가?

… 시간은 기체(vapor)이다

시간을 만질 수 있는가?
시간의 향기를 직접 맡을 수 있는가?
시간의 소리를 직접 들을 수 있는가?
시간을 눈으로 직접 볼 수 있는가?

그렇지 않다.

시간은 공기이다.
시간은 기체이다.
시간은 바람이다.

시간은 조금만 한눈을 팔아도 다 사라져버린다. 바람처럼 왔다가 바람처럼 사라진다.

　산소 같은 시간에 눈물만 흘리며 세월을 보내는 것도 당신의 선택이다. 공기 같은 시간에 신세한탄만 하면서 평생을 낭비할 수도 있다. 아무런 도전도 하지 않고 안정적인 삶만 살다가 생을 마감하는 사람은 인생 자체가 두려웠을 것이다. 모험이 두려운 사람은 모험을 해서는 안 된다. 그냥 주어진 삶에서 분수에 맞게 행복을 느끼면 된다. 모험이 없으면 커다란 성공도 없다. 성공을 부러워할 것도 없이 그저 주어진 대로 살면 된다.

　시간은 보이지 않는 한강이다.
　시간은 만질 수 없는 폭포이다.
　시간은 들리지 않는 메아리이다.

　가만히 아무것을 하지 않아도 시간은 날아간다.

　어차피 날아가는 시간이라면
　어차피 달아나는 바람이라면

　기체 같은 시간을 무엇인가 다른 것으로 바꿔야 하지 않을까?

TIME BLOCK
타임블럭으로의 여행에 앞서서

대부분의 사람들은 용기가 없다. 여기에서 용기란 다른 사람을 상대로 싸우는 용기가 아니다. 자신의 잘못을 인정하는 용기다. 또한 대부분의 사람은 자존심 때문에 다른 사람의 노하우를 배우려고 하지 않는다. 자신만의 방법이 최고라고 고집을 부린다. 고집만 부리는 사람을 옹고집이라고 한다. 고집만 센 사람은 말이 통하지도 않는다.

일단, 자신의 잘못을 인정하려면 용기가 있어야 한다. 무엇이든 남의 탓으로 돌리는 사람은 비겁한 사람이다. 당신의 현재의 모습에 만족하지 못한다면 그것은 당신의 잘못이었다는 것이다.

다음으로, 사람들이 성공하지 않으려고 하는 이유는 지금까지 살아온 스타일을 부정하고 성공한 사람의 스타일을 모방하는 것이 자존심 상하기 때문이다. 무슨 일이 있어도 자신만의 룰대로 성공하고 싶어 한다. 하지만 애석하게도 지금까지 게으름으로 성공한 사람은 한 명도 없다. 일시적으로 복권당첨이 될 수는 있지만 이렇게 쉽게 커다란 복이 오면 오히려 독으로 바뀌는 것을 기사로도 많이 볼 수 있다.

관리는 의식의 행동을 말한다. 머리로 생각하고 실천에 옮기는 작업이다.

예를 들어 공부를 하기 위해서는 항상 생각을 하고 다짐을 하고 결심을 해야 시작해야 할 수 있는 경우를 보자. 문제집 몇 장 푸는 것도 다짐을 하고 엄마가 잔소리를 하고 난리법석을 떨어야 겨우 시작하는 사람이 있다. 그리고 시험날짜에 밀려 벼락치기를 안 할 수가 없는 상황이 되어서야 겨우 책장을 펴곤 한다.

하지만 습관은 무의식의 행동을 말한다. 머리로 생각할 필요도 없이 몸에 프로그램화 되어버린 것이다.

아무 생각도 없이 공부가 습관이 되어버린 사람은 누가 시키지 않아도 시간만 나면 아무런 생각 없이 좀비처럼 공부를 하기 시작한다. 자신을 발전시키는 데 의식조차 필요 없이 저절로 이루어지는 사람이다. 이런 사람을 이기는 것은 만만치 않다. 결국 진정한 성공은 좋은 습관을 가진 사람이 가져가는 것이다.

하버드식 시간관리 타임블럭은 관리에서 시작해서 습관으로 만드는 프로그램이다.

보이지 않는 기체와 같은 시간을 보이는 고체인 벽돌로 만드는 시간 벽돌의 세계에 여러분을 초대한다.

… 지금 이 순간 이 글을 읽고 있는 당신은 이미 보통 사람이 아니다.
이 책을 읽고 있는 당신은 더욱 성장하고 더 크게 성공할 것이다.

시간관리에 관한 책은 아무나 읽는 책이 아니다.

당신이 시간관리를 하고 싶어 한다는 것은 자기발전의 배고픔을 느껴봤다는 뜻이다.

당신은 이미 보통 사람이 아니다.

이 책은 문제집이 아니다. 기행문도 아니며 소설책도 아니다.
반드시 읽어야 하는 베스트셀러도 아니다.

이 책은 당신의 점수를 높여주는 책이 아니라 성공지수를 높여주는 책이다.

시간관리는 성공의 실천습관을 만드는 작업이다.
바로 지금부터 시작하는 것이다.
이제부터라도 변화하는 것이다.
너무 늦었다고 생각하지 마라.
깨닫는 순간이 최고의 시작점이다.

오늘부터 당신은 새롭게 태어나는 것이다.
상상조차 할 수 없었던 커다란 성공이 당신을 기다리고 있다.

모든 의심과 두려움을 버리도록 하라.

TIME BLOCK
하버드는 시간관리를 가르쳐주는 곳이다

언젠가 미국에 갈 기회가 생기면 꼭 뉴욕과 보스턴을 구경해보시기 바란다. 보스턴에 가면 하버드대와 MIT공대 구경은 필수 코스이다. 대한민국의 더 많은 인재들이 하버드에 입학해서 세계의 천재들과 경쟁하게 되기를 기원한다.

하버드교육대학원 리처드 라이트 교수는 〈하버드 수재 1,600명의 공부법 Making the most of college: students speak their minds〉에서 성공적인 대학생활을 위해 필요한 역량을 아래와 같이 주장했다.

1. 시간관리를 철저히 하라.
2. 교수와 친해져라.
3. 다양한 강의를 골고루 들어라.
4. 과제물과 시험이 많은 강의를 택하라.
5. 스터디그룹을 짜라.
6. 글쓰기에 주력하라.
7. 외국어를 공부하라.

8. 공부와는 무관한 과외활동에 몰두하라.
9. 문제가 생기면 말하라.

하버드에서 가장 중요한 것은 시간관리다.
8개 국어를 완벽하게 하면서도 눈이 보이지 않는 학생도 있다. 귀가 들리지 않아도 수화로 수업 내용을 적는 학생도 있다. 그야말로 시간관리의 천재들이 모인 곳이다. 마치 해리포터의 시간의 마법의 성 같은 곳이다.

TIME BLOCK
기록은 내 행동의 거울이다

하버드를 다닌 지 얼마 안 되었을 때였다. 나는 평균보다 몇 배 더 되는 양의 책을 읽어야 했고 몇 배로 더 잘 써야 했고 교실에서도 몇 배 더 잘 떠들어야 했다. 미국 고등학교 시절 공부하던 방식으로는 아무리 공부를 해도 원하는 성적이 나오지 않았다. 읽을 책들의 분량은 쌓여만 가고 클럽활동 등 해야 할 일들은 늘어만 가는데 정작 좋은 결과는 나오지 않았다. 집중도 안 되고 효율은 떨어지기만 했다. 지난주에 어떤 공부를 했는지, 몇 시간을 했는지 도무지 기억이 나지 않았다. 무엇인가 바쁜 것 같고 공부도 많이 한 것 같은데 학업 성과는 좋지 않았다. 만족스럽지 않은 결과에 기분도 나빠졌다. 해야 할 일은 많은 데 어디에서 시작해야 할지 엄두가 나지 않았다. 마음만 바쁘고 되는 것은 하나도 없었다.

그 와중에 이렇게 뛰어난 아이들을 보며 주눅이 들기 시작했고 내가 여기에 왜 왔나 의아하기도 했다.

'과연 몇 명이나 이 대학에서 대만족을 하면서 다닐까?'
'내가 왜 이런 대학에 왔을까? 조금 더 준비해서 다른 학교로 옮겨 버릴까?'

결국 '어떤 대학을 가건 정말 마음에 쏙 드는 대학은 없다'라는 결론에 도달했다. 그럼 어떻게 해야 살아남을 수 있을까? 어느 날, 나는 내 스스로에게 물어보았다.

'나는 지난주에 어떻게 시간을 보냈는가?'
'경제학 공부에 실제로 몇 시간을 투자했나?'
'실제 몇 시간을 집중해서 공부했나?'
'운동은 일주일에 몇 시간을 했나?'

이러한 질문에 나는 아무런 대답도 할 수가 없었다. 뭔가 돌파구가 필요했다. 그때 문득 드는 생각이 있었다.

"매주, 매일, 매시간 내가 무엇을 하는지 기록을 해보자."

그렇게 결심을 한 이후로 한 주 동안 매시간 무엇을 공부했는지, 얼마나 집중했는지 스스로 분석할 자료를 만들기 시작했다. 기록을 해서 자기분석을 하기로 마음먹었다.

표를 작성하기 시작한 지 얼마 가지 않아 나는 깜짝 놀랐다. 정말 중요한 사실을 깨닫게 된 것이다. 보이지 않던 시간이 기록의 옷을 입히자 마치 마법처럼 선명하게 내 눈앞에 시간이 보이기 시작한 것이다. 내가 나를 객관적으로 들여다보는 가운데 결정적 장면이 눈에 들어왔다. 내가 공부를 하고 있는 장면이었다. 책상에 앉아 책을 펴고 읽는 내 모습이었다. 그런데 정작 30분도 집중을 제대로 하지 못하고 있는 나를 발견하게 된 것이다. 하버드에 입학하고 난 후 해야 할 일들과 하고 싶은 일들이 갑자기 많아졌기 때문이었다. 집중을 하기보다는 분산을 하고 있었고 깊이 공부하기보다는 수박 겉핥기를 하고 있었던 것이다. 집중하지 못하면 아무리 오래 책상에 앉아 있어도 소용이 없다는 것을 깨달았다. 나는 이것도 안 하고 저것도 안 하고 그냥 앉아서 시간만 날려버리고 있었다. 고등학교 때에는 매일 아침부터 오후까지 짜인 시간표대로만 움직이면 되었는데 대학교는 달랐다. 모든 시간을 내 스스로 정하고 움직이지 않으면 안 되었다.

대부분의 사람들은 기록을 하지 않고 산다. 가계부도 쓰지 않는다. 메모도 하지 않는다. 카드사용내역도 쓰지 않는다.

사진을 찍는 것도 기록이다. 스타를 만나서 종이에 사인을 해달라고 하는 것도 만났다는 기록을 남기고 싶어서다. 모차르트는 손으로 기록해서 교향곡을 작곡했다. 레오나르도 다빈치도 기록으로 그림도 그리고 발명품도 만들었다. 토머스 에디슨도 발명의 기록 덕분에 발명왕이 되었다. 라이트 형제는 기록과 설계도면을 통해 비행기를 만들었다. 빌 게이츠는 컴퓨터의 기록을 통해 프로그래밍을 하였다.

영화는 영상기록이다.
노래는 음성기록이다.
게임은 프로그래밍기록이다.
소설은 문자기록이다.

즉 창조 자체가 기록인 것이다.
당신이 기록하는 순간 그것은 창조물이 된다. 당신은 친구가 손으로 직접 써준 편지를 쉽게 버릴 수 있는가? 꼬마 시절 그린 그림을 부모님들이 고이 간직하는 이유는 무엇일까?

사람이 위대한 이유는 손과 펜이 있기 때문이다. 기록을 통해 우리는 과거를 미래에 전달할 수 있다. 기록을 통해 우리는 더욱 발전하고 성공할 수 있었다.

우리는 기록을 만들기 위해 태어난 것이다.

우리는 시간의 기록을 통해 실제 성공하는 삶을 살고 있는지 실패하는 게으른 삶을 살고 있는지 분석할 수 있다. 기록은 내 행동의 거울이다.

기록하면 성공한다

시간관리에 관한 책 몇 권을 읽었다고 저절로 시간관리의 달인이 되는 것은 아니다. 이 책은 여러 가지 기록방식 가운데 한 가지를 제시할 뿐이다. 수없이 많은 플래너와 일기, 기록방식이 있지만 형태만 다를 뿐 모두가 주장하는 것은 딱 한 가지다.

'기록을 하라'

당신이 이미 기록을 하고 있다면 그다음 질문은 다음과 같다.

'당신은 매일 기록을 하고 있는가?'
'당신은 기록만 하는가? 분석도 하는가?'
'당신은 기록하고 혼자만 보는가? 공유를 하는가?'

이러한 새로운 개념들은 뒤에 더 설명을 하겠다.

기록을 하면 반드시 성공하게 된다. 모든 성공은 기록을 해야 만들어지기 때문이다.

 조엔 롤링이라는 작가가 기록을 하면 해리포터가 만들어진다. 데즈카 오사무라는 만화가가 기록을 하면 아톰이 만들어진다. 야구선수도 매일 타수 기록을 하고 육상선수도 100m 달리기 기록을 매일 한다.

 성공은 항해와 같다. 기록을 하면서 성공의 보물섬에 다가가는 것이다. 항해일지를 쓰는 것이 기록이다. 시간별로 기록을 하는 것이다.

 대학교에 입학하는 것이 진짜 성공이 아니다. 고시를 패스해서 명예로운 월급쟁이가 되는 것이 진짜 성공이 아니다.

 안철수처럼 의사였던 사람이 책으로 컴퓨터를 공부하면서 실력을 쌓는 것이 모험이다. 손정의 회장처럼 겁도 없이 어떤 회장님을 찾아가서 불쑥 어떻게 성공해야하는지 비결을 알려달라고 열정적으로 매달리는 것이 진정한 성공이다.

 성공을 하는 것이 무서운가? 그냥 가늘고 길게 오래가는 것이 최고인가? 모험을 하는 것이 두려운가? 그냥 안정적인 것이 최고인가? 모험을 하지 않으려고 하다가 실패를 하는 것이 오히려 더 무섭다. 실패를 하지 않으려는 것이 더 두렵다. 당신이 이 세상에 태어난 것 자체가 모험이다. 9번 실패를 해야 1번 성공한다고 했다. 우리는 모험을 하고 성공하기 위해 태어났다. 우리는 두려워하고 피하기 위해 태어나지 않았다.

편하게 성공하는 길은 없다. 편하게 살려는 사람들은 반드시 편하게 망하게 된다.

책이 당신을 바꾸는 것이 아니라 책을 읽은 당신이 당신을 바꿔야 한다. 아무리 책을 읽어도 바뀌는 것이 없다면 충분히 책을 읽지 않았기 때문이다. 아무리 책을 읽어도 바뀌지 않는다면 그만큼 절실하지 않기 때문이다. 책을 탓하기 전에 자신을 탓해야 한다. 더 많이 읽어야 한다. 더 많이 시도해야 한다. 책 한 권 읽었다고 바로 시간관리의 달인이 된다면 이 세상 모든 사람이 시간관리의 달인일 것이다. 영화 한 편 봤다고 영화감독이 되는 것이 아니다. 교향곡 한 번 들었다고 작곡을 하게 되는가? 소설 한 번 읽었다고 소설가가 될 수 있는가?

당신의 성공을 가로막는 사람은 바로 게으른 당신이다. 이 세상에서 게으른 사람이 당신이라는 것을 인정해야 한다. 당신을 이기면 시간관리에 승리하게 된다. 당신을 이기지 못하면 아무리 시간관리의 책을 읽어도 소용이 없다.

이 책은 당신을 응원하는 책이다. 당신 속의 또 다른 당신에게 져서는 안 된다. 그 게으르고 잠 많고 겁 많고 의심 많고 불평만 하는 녀석을 쫓아내야 한다. 진정한 당신의 모습을 찾아야 한다. 최고의 당신의 모습을 찾아야 한다.

당신을 응원한다. 반드시 이겨야 한다.

TIME BLOCK
시간을 벽돌로 만들어라

보이지 않는 시간에 글을 쓰면 작문이 남는다.
보이지 않는 시간에 그림을 그리면 작품이 남는다.
보이지 않는 시간에 작곡을 하면 음악이 남는다.
보이지 않는 시간에 발명을 하면 존재하지 않았던 물건이 존재하게 된다.

무에서 유를 창조하는 것이 물질화이다.
어제는 없었던 새로운 것을 오늘 만드는 것이 고체화이다.

시간을 벽돌처럼 쌓으면 시간의 성을 만들 수 있다.
시간을 벽돌로 만드는 것! 그것이 Time Block 이다.
타임블럭은 시간의 벽돌을 뜻한다.

어떤 사람에게 10년을 주면 빌딩을 지어버린다.

어떤 사람에게 10년을 주면 빌딩도 날려버린다.

시간으로 성을 만든 사람이 있다.
시간으로 성을 부순 사람도 있다.

대학교를 졸업하고 직장을 갖고 사회에서 어느 정도 안정이 되면 생기는 질문들이 있다.

어떻게 하면 내 시간을 잘 쓸 수 있을까?
어떻게 하면 더 의미 있는 성공을 할 수 있을까?
어떻게 하면 더 행복한 인생을 살 수 있을까?
무엇을 해야 진정 보람 있는 삶을 살 수 있을까?
무엇을 해야 후회 없는 삶을 살 수 있을까?
무엇을 하고 살아야 나 스스로 성공이라고 자신 있게 말할 수 있을까?

중요한 것은 '어떻게 하면' 그리고 '무엇을 해야'에 있다. 해답은 동사에 숨어 있다. 어떤 행동을 해야 성공할 수 있을까? 즉 시간관리는 행동의 관리이다. 시간의 벽돌은 곧 행동의 벽돌이다.

나에게 도움이 되는 행동시간을 만들어야 한다. 고민하는 시간보다 벽돌을 쌓는 시간이 많아야 한다. 나에게 도움이 되지 않는 마이너스의 낭비시간을 줄여야 한다.

TIME BLOCK

Record Real Time (RRT) : 실시간으로 기록하라

타임블럭은 두 가지 프로세스로 나뉜다.

그 첫 번째는 시간을 기록하는 것이다.

기존의 우리는 플래너나 캘린더를 갖고 미래의 계획용으로만 시간관리를 하고 있었다. 시간을 어떻게 쓸 것인지 막연히 계획하는 것이 아니라 실제로 어떻게 시간을 쓰는지가 더 중요하다. 시간관리가 제대로 되지 않는 것은 자신만의 실시간 데이터가 없기 때문이다.

인생은 시간싸움이다. 실제 하버드에서 공부했던 친구들은 비인간적인 속도로 빨리 습득을 하고 관련 정보나 전공에 대한 서적을 이미 읽고 온 친구들이 많았다. 즉 시작부터 공평하지가 않다는 것이다. 태어나는 순간부터 모든 경쟁은 절대적으로 공평하지가 않다.

사람은 바이오리듬이 각자 다르다. 어떤 사람은 아침형인간이고 어떤 사람은 야행성인간이다. 어떤 사람은 낮에 집중이 잘되고 어떤 사람은 밤에 더 생산적이다. 세상에 정답은 없다. 각자 자신만의 생체리듬이 다른 것처럼 어떤 시간대에 가장 집중이 잘되는지는 각각 개인별로 다르다.

가장 중요한 빅데이터는 나 자신의 빅데이터이다. 시간의 원리를 가장 잘 이해하기 위해서는 과거의 빅데이터를 분석함으로써 자신의 실시간 로그 기록을 만들어야만 한다. 누가 대신 해주는 것이 아니다. 자신만의 실시간 시간기록을 통해 자신이 1주일을 어떻게 쓰고 있는지 파악해야 한다. 자신이 어떻게 시간을 쓰고 있는지 모르면서 어떻게 시간을 더 효율적으로 쓸 수 있을까?

내가 어디에 몇 시간을 쓰는지 알고 있는가? 아침에 몇 시에 일어나서 얼마 동안 샤워를 하는지, 옷을 입고 준비를 하는 데 몇 분이 걸리는지, 학생이라면 집에서 집 밖까지 나오는 데 몇 분이 걸리는지. 집 밖에서 버스 타는 데까지 몇 분이 걸리는지, 휴대폰에 얼마나 많은 시간을 쓰고 있는지, 점심식사, 저녁식사는 얼마 동안 하는지, 직장인이라면 식사 후 에 얼마동안 커피를 마시는지, 순수하게 자신만의 꿈을 이루기 위해 하루에 몇 시간을 어디에 쓰고 있는지 기록해보아야 한다. 절대시간을 어디에 쓰고 있는지 기록이 되지 않으면 내가 일주일 동안, 한 달 동안, 6개월 동안, 1년 동안 어디에 무엇을 하는지조차 모르게 된다.

"요새 너무 바빠! 정신없어!" 우리는 어느 순간부터 정신없다는 말을 입에 달고 산다. 그런데 실시간 기록을 하게 되면 내가 어디에 가장 많은 시간을 할애하고 있는지 발견하게 된다. 즉 기록을 해야 자신을 발견하게 된다. 내가 누구인지 보게 되는 깜짝 놀라는 순간이 다가온다.

"너 자신을 알라." 소크라테스가 말했듯이 나 자신을 알려면 내가 어디에 몇 시간을 쓰고 있는지 정직하게 기록을 해봐야 한다. 대부분의 사람들은 일기를 쓰지 않는다. 그리고 일기를 쓰더라도 솔직하게 자신의 감정을 적지 않는다. 진심은 대부분 마음속에 품고 산다. 내가 알리고 싶지 않은 창피한 행동들도 다 기록을 해볼 필요가 있다. 사람은 불완전하며 담배를 피우고 술을 마시고 좋지 않은 중독조차 모두 정직하게 기록해봐야 할 필요가 있다.

내 자신을 알려면 먼저 내 삶의 빅데이터부터 가져야 한다. 그 첫걸음은 나의 실시간 생활기록부이다. 나의 삶이 가장 소중한 데이터가 아닐까? 지금까지 매년 몇 권의 책을 읽었는지 몇 편의 영화를 보았는지 무엇을 몇 개나 만들었는지 기록해야 한다.

모든 생산의 기초는 수치다. 하루를 어떻게 보내는지 데이터가 쌓이면 일주일이 어떻게 돌아가는지 한눈에 보이기 시작한다. 월요일부터 금요일까지 주중과 주말에 어떻게 시간을 쓰고 있는지 파악이 되면 4주의 한 달이 분석된다.

처음 자신의 실시간 기록을 보게 되면 굉장히 마음이 아프다. 왜냐하면 너무나 시간관리를 못 하고 있는 자신을 만나게 되기 때문이다. 시간관리가 힘든 이유는 반성을 해야 하기 때문이다. 자신의 잘못을 인정한다는 것은 매우 가슴이 아픈 것이다.

수술을 하려면 개복을 해야 한다. 치료를 하려면 칼을 대야 한다. 즉 실시간 기록은 엑스레이처럼 예리하게 당신의 삶을 진단하게 될 것이다. 시간의 개복은 아픔이 따를 수밖에 없다. 하지만 이 과정을 밟게 되면 당신은 전혀 새로운 개념의 시간의 원리를 경험하게 될 것이다.

시간은 계획하는 것이 아니라 기록하는 것이다.

Color Code your Time (CCT) : 시간을 컬러코드하라

타임블럭의 두 번째 프로세스는 실시간 기록한 시간에 색깔을 입히는 것이다.

향기 나는 사람이 되어야 하는 것처럼 우리는 색깔 있는 사람이 되어야 한다. 시간에는 색깔이 있다는 개념을 이해하고 나면 각자의 독창적인 색깔을 내어야 한다. 다양한 색깔을 내는 사람을 우리는 팔색조라고 한다. 〈성공하는 사람들의 7가지 습관〉을 대학생 때 읽고 프랭클린 다이어리를 써보기 시작하면서 내가 느낀 점은 백색 종이에 흑색 펜 위주였다는 것이다. 삶은 너무나 다채로운데 두 가지 색깔로 모든 것을 담을 수는 없다. 당신은 어떤 색깔인가?

맨큐의 경제학수업을 직접 들을 때, 마이클 샌들 교수의 정의 수업을 직접 들을 때 '교육을 받는 이유는 무엇일까?'라고 곰곰이 생각했다. 실시간으로 사고의 확장을 경험한다는 것은 그야말로 경이로웠다. 하버드에서 배운 것은 사고의 유연한 확장이었다. 고등학생 시절에는 얼마나 많은 문제를 풀어보고 암기를 많이 하느냐가 우등생을 결정했지만, 진정한 교육이란 문제집을 풀면서 정답을 외우는 것이 아님을 깨닫게 되었다. 혼자만 점수를 잘 받고 다른 사람을 짓밟고 위에 올라서는 것이 교육의 목적이 되어서는 안 된다.

진정한 교육의 목표는 무엇일까? 한 개인이 먹고사는 문제를 해결하는 것을 뛰어넘어 끊임없는 혁신을 통해 인류를 진보시키기 위함이 아닐까? 새로운 지식은 새로운 자극이다. 기존의 사고방식이 아닌 또 다른 사고방식을 받아들이는 것! 흑백논리가 아닌 어떠한 다양한 생각들도 받아들이고 거기에서 최상의 방법을 찾는 것을 배우게 되는 것이다.

인생은 배움의 연속이다. 결혼도 배움이 아닐까? 아이를 낳는 것도 부모가 된다는 것도 새로운 배움이 아닐까? 태어나서 글을 배우고 말을 배우고 수학을 배우고 외국어를 배우고 대학을 가고 사회생활을 하고 결혼을 하고 직장을 구하고 또 다른 가정을 이루는 것도 모두 배움이다. 여기서 중요한 것을 깨달았다. 즉 새로운 것을 배우는 데 쓰는 시간, 배운 것을 훈련하고 단련하는 시간이 나뉜다는 것을 깨닫게 되었다.

새로운 개념을 만나는 시간을 파란색으로 컬러코드하고
혼자 습득하고 공부하는 시간을 초록색으로 컬러코드하고
즐기고 노는 시간을 핑크색으로 컬러코드하고

돈 버는 시간을 노란색으로 컬러코드하는 것이다.

사람은 시각의 동물이다. 색깔로 구분해두면 한눈에 자신을 파악할 수 있다. 가장 기본적인 테마별로 내가 실시간 기록한 시간의 로그를 한눈에 볼 수 있게 된다. 언제 가장 집중을 하고 있고 일주일별로 자기계발에 몇 시간을 쓰는지, 몇 시간을 여가생활로 보내고 있는지, 몇 시간을 생산적인 활동에 쓰고 있는지를 효율적으로 한눈에 파악할 수 있게 된다.

당신은 지금 어떤 사람과 무엇을 하고 있는가? 끼리끼리 모인다는 말. 콩 심은 데 콩 나고 팥 심은 데 팥이 난다는 말! 백남준 선생님을 만나서 들었던 말씀, 배우 안소니 퀸과 나눈 몇 마디의 순간이 평생 삶을 살아가는 데 영향을 줄 수 있다는 것! 살아가면서 우리는 누구를 만나서 무엇을 할지 선택을 해야 한다. 물론 삶이 자신이 결정하는 대로 되지 않을 수도 있다. 하지만 목표를 가지고 어떠한 색깔을 내면서 살지는 결정할 수 있다.

누구와 무엇을 할 것인가? 삶의 주인이 된다는 것은 결국 이 두 가지를 결정한다는 것이다.
타임블럭을 통해 실시간 기록을 하고 컬러코드를 통해 더 나은 시간의 활용을 하면 더 만족한 삶을 살 수 있게 될 것이다.
하버드를 졸업하고 나서 타임블럭을 접목한 지난 20년간 나는 수많은 경험을 겪고 무엇인가 배우면서도 끊임없이 생산하는 프로세스를 반복하게 되었다. 창조는 즉 배움과 창출 두 가지 과정을 통해 만들어 진다는 것! 교육을 받는 이유는 뭔가 창조하기 위해서이다. 타임블럭을 통해 나는 더 창조를 즐기게 되고 뭔가 만드는 것에 중독되었다.

TIME BLOCK

시간에 4가지 색깔의 옷을 입히면 마법처럼 시간이 보인다

초록색은 성장의 색이다.
초록색은 Input의 색이다.

나무의 색깔 / 수풀의 색깔 / 새싹의 색깔 / 봄의 색깔 / 건강의 색깔
혼자 공부하는 시간이 초록색이다.
혼자 운동하는 시간도 초록색이다.
혼자 책을 보는 시간도 초록색이다.
혼자 명상하는 시간도 초록색이다.
당신은 하루에 몇 개의 초록벽돌을 쌓고 있는가?

파란색은 모험의 색이다.
파란색은 경험의 색이다.

바다의 색깔 / 하늘의 색깔 / 우주의 색깔 / 탐험의 색깔 / 도전의 색깔

새로운 영화를 보는 것도 파란색이다.
새로운 박람회를 가는 것도 파란색이다.
연극을 보는 것도 파란색이다.
콘서트에 가는 것도 파란색이다.

학원에 가는 것도 파란색이다. 왜냐하면 새로운 지식을 만나러 가는 것이니까.
새로운 만남은 파란색이다.

핑크색은 행복의 색이다.
핑크색은 즐거움의 색이다.
휴식의 색깔 / 사랑의 색깔 / 아기의 색깔 / 기쁨의 색깔 / 여자의 색깔

핑크색은 특히 여자들이 좋아한다. 여동생이 어릴 때 바비인형을 좋아했는데 여동생만 좋아하는 것이 아니라 거의 모든 여자들이 핑크색을 좋아한다는 것을 알게 되었다.

친구들과 즐겁게 노는 시간도 핑크색이다.
게임을 하는 것도 핑크색이다.
연애를 하는 것도 핑크색이다.

낮잠을 자는 것도 핑크색이다.

노란색은 완성의 색이다.
노란색은 결실의 색이다.
추수의 색깔 / 가을의 색깔 / 창조의 색깔 / 재산의 색깔 / 창작의 색깔

노란색은 황금빛을 말한다. 당신이 공부한 Input을 갖고 무엇인가 창조하는 시간이다. 돈을 버는 시간이 노란색이다.
일을 하는 시간이 노란색이다.
책을 읽는 시간이 초록색이면 책을 쓰는 시간이 노란색이다.
그림을 보는 시간이 파란색이면 당신의 작품을 그리는 시간이 노란색이다.
음악을 듣는 시간이 파란색이면 당신의 음악을 만드는 시간이 노란색이다.
공부를 하는 시간이 초록색이면 연설을 하는 시간이 노란색이다.
프로그래밍을 배우는 것이 파란색이면 당신의 프로그램을 만드는 시간이 노란색이다.

시간에는 색깔이 있다.
당신은 매일 몇 개의 초록 벽돌을 쌓고 있는가?
당신은 매일 몇 개의 파란 벽돌을 쌓고 있는가?
당신은 매일 몇 개의 핑크 벽돌을 쌓고 있는가?

당신은 매일 몇 개의 노란 벽돌을 쌓고 있는가?

당신은 성주가 될 사람이다.
더 늦기 전에 지금부터라도 벽돌을 쌓아야 한다.
시간을 벽돌로 만들어야 한다.

몇 층으로 쌓으려는가?

미래의 성주가 되려면 기록의 벽돌부터 쌓아라

습관을 보면 미래가 보인다. 해당사항에 동그라미를 그려라.

나는 매일 아침 규칙적으로 5 / 6 / 7 / 8 / 9 / 10 / 11 / 12시에 일어난다.
또는 들쑥날쑥 일어난다.

매일 1번 / 2번 / 3번 양치질을 한다.
아침에 학교/직장에 갈 때 지하철 / 버스 / 택시 / 자가용을 이용한다.
매일 15분 / 30분 / 1시간 / 2시간 / 3시간 / 4시간을 교통이동시간에 쓰고 있다.

치과검진을 3개월 / 6개월 / 1년 / 2년마다 간다.

정기건강검진을 1년 / 2년 / 5년 / 10년마다 한다.

하루에 운동은 0분 / 10분 / 30분 / 60분 / 90분 이상 한다.

일주일에 운동은 1번 / 3번 / 5번 / 7번 한다.

하루에 술은 평균 (   )병 마신다.

일주일에 평균 맥주 (   )병/ 소주 (   )병/ 양주 (   )병 마신다.

하루에 담배는 평균 0갑 / 1갑 / 2갑 / 3갑을 피우고 있다.

일주일에 문제집 외의 책은 0시간 / 1시간 / 2시간 / 3시간 본다.

하루에 학교/학원 이외 혼자 하는 공부는 0시간 / 1시간 / 2시간 / 3시간 / 4시간 / 5시간 한다.

하루에 직장에서 0시간 / 4시간 / 8시간 / 9시간 / 10시간 / 11시간 / 12시간 일한다.

하루에 인터넷으로 1시간 / 2시간 / 3시간 / 4시간 / 5시간 이상 쓴다.

하루에 TV시청에 1시간 / 2시간 / 3시간 / 4시간 / 5시간 이상 쓴다.

하루에 화장실에서 총 30분 / 1시간 정도의 시간을 쓴다.

하루에 전화통화로 1시간 / 2시간 / 3시간 쓴다.

매월 통화료는 1~3만 원 /4~6만 원 / 7~10만 원 / 10만 원 이상 쓴다.

정말 친한 친구가 1명 / 3명 / 5명 / 10명 있다.

그런 친구들을 최소한 한 달 / 3달 / 6달에 한 번 보려고 한다.

집에 오자마자 손을 씻는 습관이 있다 / 없다.

잠자기 전엔 반드시 샤워를 한다 / 안 한다.

밤에 대개 11시 / 12시 / 1시 / 2시 / 3시 / 4시에 잔다.

매월 10만 원 / 50만 원 / 100만 원 / 300만 원 / 1000만 원 이상 저금한다.

본인의 현재 생활습관에 모두 만족하는가? 바꾸고 싶은 습관은 무엇인가?

1. ....

2. ....

3. ....

4. ....

5. ....

반드시 기록하라. 그리고 날짜를 적으라.

당신의 생각이 기록되는 순간부터 당신의 정신과 온몸은 물질화된 타깃을 인지하게 되고 점차 하나씩 당신의 나쁜 습관을 없어지게 할 것이다.

쓰지 않으면 변하지 않는다. 기록하지 않으면 변화는 없다. 반드시 기록을 해야 효력이 발생한다. 당신이 적고 눈으로 봐야 당신의 영혼이 눈을 뜨게 된다.

지금 바로 적으라.

Step 5

타임블럭으로 성을 쌓아라

TIME BLOCK

당신은 지난 10년간 타임블럭을 어디에 쌓았는가?

지난 10년간 당신이 이룬 자랑스러운 업적을 적어보라.

매년 이룬 것 한 가지도 좋다. 업적의 모음이 바로 이력서가 아닐까?

당신의 이력서는 무엇을 하며 살아왔는지를 보여주는 짧은 자서전이다.

지금까지 살아온 당신이 스스로 보았을 때 자랑스러운 업적을 기록해보라.

당신은 무엇을 하며 살아왔는가?

1.

2. ....

3. ....

4. ....

5. ....

6. ....

7. ....

8. ....

9. ....

10. ....

… 시간의 벽돌을 쌓아 성을 만든 사람, 시간의 바람에 날려 무덤만 남긴 사람

성공은 밑바닥에서부터 쌓아 올라가는 것이다. 밑바닥을 다지는 데 시간을 아끼지 말아야 한다. 아무리 높은 빌딩도 꼭대기층부터 지을 수 없다. 높으면 높을수록 더 깊이 지하층부터 쌓아야 한다. 이 세상에 하루아침에 성공한 사람은 단 한 사람도 없다. 정말 커다랗게 성공한 사람들은 밑바닥부터 기초를 다져온 사람이다.

중·고등학교 때 배우는 지식들이 왜 지겨울까? 바로 밑바닥을 다지는 기초지식이기 때문이다. 그때는 이것을 어디에 써먹을지도 모른다. 하지만 점점 나이를 먹으면서 그나마 10대에 다져놓았던 지식들이라도 있는 것이 얼마나 소중한가를 깨닫게 된다. 20대와 30대를 접어들면서 스스로 공부하는 시간을 만들기가 점점 더 힘들어지는 것을 느끼게 된다. 연애도 해야 하고 술도 마셔야 하고 친구도 만나야 하고 결혼도 해야 하고 아이도 낳아야 하니 시간은 점점 줄어들게 된다. 스스로의 발전에는 거의 손을 놓게 된다. 하지만 무슨 일이 있어도 시간을 만들어내야 한다. 마음을 먹으면 시간을 만들 수 있다. 무슨 일이 있어도 만들어내겠다는 마음이 중요하다. 더 늦기 전에 시작을 해야 한다. 40대가 되면 공부가 예전 같지 않기 때문이다.

'내가 어떤 사람인데 밑바닥으로 내려가?' 라고 생각하는 사람이 있다. 이렇게 생각하는 사람은 다른 사람의 눈을 필요 이상으로 의식하

는 사람이다. 정작 중요한 것은 당신의 진정한 실력 키우기이다. 자존심이 상해서 점점 미루기만 하면 나이만 먹게 된다. 젊어서 해야 할 공부를 하지 않는다면 계속 눈속임을 유지하겠다는 것밖에 되지 않는다.

세상 사람들을 다 속일 수 있을지는 몰라도 본인 스스로는 안다. 그리고 결국 깨닫게 된다. 그제야 후회하게 된다.

'고등학교 때 좀 더 공부할걸.'
'대학교 때 좀 더 공부할걸.'
'20대 때 좀 더 공부할걸.'

용기를 갖고 당당히 밑바닥부터 기초를 쌓아야 한다. 더 늦기 전에 시작해야 한다.

올챙이의 시간을 지나야 개구리가 된다. 땅바닥을 기어야 비로소 걸을 수 있게 된다. 밑바닥을 걷는 시간이 바로 성공의 기초를 다지는 가장 행복한 순간이다. 가장 떨어졌다고 생각하는 바로 그곳에 성공의 내일이 확실시 되는 순간이다.

밑바닥으로 내려가면 내려갈수록 더 높은 빌딩을 짓게 될 것이다. 그렇기 때문에 절대로 포기하면 안 된다.

지금부터 하면 된다.

… 공부는 input하는 시간, 창조는 output하는 시간

우리는 두 귀로 많이 듣고 두 눈으로 많이 읽고 두 눈으로 많이 보고 온몸으로 배우고 마음으로 느끼기 위해 태어났다.

두 눈이 보이지 않은 헬렌 켈러는 눈으로 볼 수 없는 것을 보았다.
두 귀가 들리지 않은 베토벤은 마음으로 더 아름다운 교향곡을 들었다.

더 많이 볼 수 있도록 더 부지런해져야 한다.
더 많이 들을 수 있도록 시간을 만들어야 한다.
더 많이 배울 수 있도록 시간을 아껴 써야 한다.

시간관리는 천재가 되는 훈련이다.

당신은 지금보다 더 좋은 칭찬을 주위 사람에게 할 수 있다.
당신은 지금보다 더 좋은 일을 할 수 있다.
당신도 지금부터 악기를 배우고 가족을 위해 연주할 수 있다.
당신도 작곡을 배우고 당신만의 음악을 만들어 주위 사람들을 즐겁게 만들 수 있다.
당신도 책을 써서 다른 사람들에게 당신의 생각과 지식을 나눌 수 있다.

우리는 손으로 그림을 그리고 사진을 찍고 요리를 만들고 사람을 고치기도 한다. 하지만 먼저 공부를 해야 한다. 무엇을 창조하기 전에 배워야 한다. 창조하는 법을 배워야 한다.

공부를 할 때 우리는 주로 눈과 귀로 input을 한다.
Input은 심는 것이다. 심는 것은 영어로 planting이다.
심는 것은 준비하는 것이다. 준비는 영어로 preparing이다.
준비는 계획을 해야 한다. 그래서 계획은 영어로 planning이다.

즉 공부는 planting, preparing, and planning으로 input하는 것이다.

우리는 주로 눈으로 책을 본다. 눈이 보이지 않는 사람은 손으로 책을 읽는다.

눈과 귀로 강연/강의를 본다.
눈과 귀로 영화/연극을 본다.
눈, 귀, 온몸으로 여행을 한다.
눈, 귀, 온몸으로 경험을 한다.
귀로 음악을 듣는다.

창조를 하는 것은 없는 것을 만들어내는 것이다.
생산하는 것은 영어로 output이다.

우리는 주로 손과 입으로 output을 한다. Output은 생산적인 활동이기에 producing하는 것이다. 또 다른 표현으로 추수하는 개념의 harvesting이 있다. 추수하는 것은 당신의 이해력과 창의력으로 새롭게 만드는 것이다. 즉 output, creating은 창조하는 것이 아닐까?

입으로 연설을 잘하면 정치가, 리더, 혁명가가 된다.
입으로 노래를 부르면 가수가 된다.
입으로 설득을 잘하면 변호사가 된다.
입으로 대화를 잘하면 친구를 만들고 사람을 버는 외교관이 된다.
입으로 발음을 잘하면 아나운서가 된다.
입으로 다른 사람을 웃기면 코미디언이 된다.
손으로 그림을 그리면 만화가/화가/조각가가 된다.
손으로 발명을 하면 발명가/과학자가 된다.
손으로 작곡을 하면 작곡가가 된다.
손으로 의술을 하면 의사가 된다.
손으로 사진을 찍으면 사진작가가 된다.
손으로 피자를 만들면 피자사업가가 된다.
손으로 신발을 만들면 신발사업가가 된다.
손으로 사진과 작문을 잘하면 영화감독이 된다.

당신의 두 눈과 귀로 배우고 당신의 두 손과 입으로 세상을 만들 수 있다.

당신은 이미 세상을 뒤흔들 최고의 무기들을 갖고 태어난 것이다.

… 입은 에너지를 발산하는 정교한 안테나이다

소리를 내는 입은 대단한 것이다. 당신의 입 밖으로 나오는 말이 당신의 미래를 결정한다는 것을 아는가? 왜냐하면 당신의 입은 단순한 입이 아니라 미래를 교신하는 정교한 안테나이기 때문이다.

입은 미래의 행운을 부르기도 하고 미래의 불행을 부르기도 한다.

한 사람을 비판할 때는 많은 사람들 앞에서 하지 말고 그 사람만을 불러서 해야 한다.
한 사람을 칭찬할 때는 한 사람 앞에서 하지 말고 많은 사람 앞에서 해야 한다.

입소문이 제일 빠르다는 것을 아는가? 광고도 필요 없다. 최고의 소문은 빛의 속도로 퍼져 나간다. 입은 손보다 빠르게 대화할 수 있기 때문이다. 손으로도 대화를 할 수 있지만 입이 손보다 빠르다.

입을 통해 나오는 단어에도 에너지가 있다. 단어의 조합을 통해 당신의 생각은 논리라는 에너지를 갖게 된다. 논리력이 세지면 설득의 달인이 되고 설득을 통해 당신은 다른 사람을 당신의 편으로 만들 수 있다.

과거 혁명을 일으키고 왕이 된 모든 리더들은 입을 통해 다른 신하들 위에 군림했다. 다른 사람의 충성심을 유발하고 다른 사람의 행동까지 바꿀 수 있는 것이다. 다른 사람을 이끄는 것은 수화로 하지 않는다. 다른 사람을 이끄는 것은 대화이다. 즉 리더십의 핵심은 입이 허락하는 말이다. 언어를 통해 우리는 리더를 따르게 된다.

오바마의 연설을 들으면 우리는 그를 믿게 된다. 그를 따르게 된다. 정말 그렇게 될 것 같고 그의 말을 믿고 싶어지는 것이다. 입을 통해 당신의 말을 갈고닦는 것이 중요한 까닭이다. 말을 잘하는 사람은 친구가 많고 인복이 생기고 사람들 사이에서 인정받게 된다.

리더십은 입을 통해 길러진다.
리더는 말을 통해 만들어진다.
그래서 말 잘하는 사람이 성공하고 좋은 말을 하는 사람이 대성하게 되는 것이다.
당신은 입의 힘을 기르고 있는가?

TIME BLOCK
창조적 타임블럭을 쌓으라

우리는 모차르트를 알지만 모차르트는 우리를 알지 못한다. 우리는 아마도 배 속에서부터 모차르트의 태교음악을 들으며 컸을 것이다. 그리고 미래의 한국 아이들도 모차르트의 음악을 엄마 배 속에서 들으며 클 것이다.

마찬가지로 우리는 피카소를 알지만 피카소는 우리를 알지 못한다. 미래의 제 손자도 피카소를 알게 될 것이며 우리가 만나지 못할 증증손자손녀도 지구가 멸망하지 않는 한 피카소를 배우게 될 것이다.

피카소는 단지 이상한 그림으로 유명해진 것이 아니라 천재적인 생산성이 있었다.

피카소는 평생 8만여 점의 작품을 만들었다. 10년은 3,650일이다. 하루에 1개의 작품을 10년간 만들어도 3,650점밖에 되지 않는다. 1개씩 100년을 해도 36,500점. 결국 200년에 할 작품 양을 한 사람이 만들어낸 것이다.

왜 똑같이 태어났는데 어떤 사람은 가공할 만한 업적을 남기고 어떤 사람은 무덤만 남길까?

끊임없이 그림을 그리는 습관이 피카소를 만들었다. 생산에 중독된 사람은 무엇인가를 이루고 그 나라 사람은 물론 전 세계 사람들이 영원히 열광하게 만든다. 대단하지 않은가? 우리는 안다. 그 습관이 진심 어린 열정과 사랑이 없이는 만들어지지 않는다는 것을 .

그림을 그리기 위해 태어난 피카소는 그림을 그리는 것 자체가 좋았다. 음악을 만들어야 하기 때문에 피아노 앞에 앉은 것이 아니라 음악이 좋아서 피아노 앞에 앉아야 하지 않을까? 천재는 억지로 하는 것이 아니라 저절로 만들어지는 것이 아닐까?
  무엇이든 억지로 되는 것은 없다. 당신이 하고 싶지 않은 일을 하고 있다면 다시 한 번 진지하게 물어봐야 한다.

당신의 천재성도 반드시 존재한다.
하루빨리 그것을 찾아서 세상 밖으로 꺼내야 한다.

책을 점점 더 많이 읽게 되는 이유는 책을 읽으면 읽을수록 더 행복해지기 때문이다. 그렇게 읽다 보면 자연스럽게 언젠가 나도 셰익스피어처럼 책을 한 권 써보고 싶다는 생각이 들지 않을까? 당신이 좋아하는 것을 하다 보면 당신도 그것을 만들고 싶은 자신감이 생긴다. 음악을 듣는 이유도 음악을 듣는 것 자체가 행복한 순간이기 때문이다. 그렇게 듣다 보면 '아, 나도 이렇게 멋진 음악을 한번 만들어보고 싶다'라는 생각이 생기지 않을까?

빌게이츠는 평범한 하버드 졸업생이 되어 좋은 직장에 취직을 한 것이 아니라 역사를 새로 쓴 인물이 되었다. 당신의 열정을 믿어야 한다. 당신의 선택에 미칠 수 있는 자신감이 있어야 한다. 그리고 그에 대한 실력을 쌓아야 한다.

직장에 다니는 이유가 단지 월급을 받기 위해서, 단지 먹고살기 위해서라면 그 사람은 너무나 값싸게 본인의 시간을 회사와 거래한 것이다. 그런 사람은 회사에도 도움이 안 될 뿐더러 진급도 늦을 것이고 회사의 사장님도 별로 좋아하지 않을 것이다. 회사의 성장이 아니라 본인의 생존만을 위해 사는 사람은 당연히 게을러지기 때문이다. 여러분이 사장이라도 출석체크만 하면서 대충 월급만 받는 직원을 진급시키지는 않을 것이다. 지금 회사에서 일하는 이유는 미래에 자신만의 회사를 운영해보기 위함이다. 21세기에 종신고용은 거의 없다. 대학교에서 전공을 공부하듯 일해야 한다. 평생 당신의 뼈를 묻을 직장이 아니라 최대한 열심히 노력해서 여러 가지 분야를 경험하고 회사에서 배우는 노하우를 당신의 것으로 만들기 위해 일하는 것이다. 대학원에서 경영학 박사학위를 따는 것과 다를 바가 없다. 회사에서 10년을 일하면 대학원에서 박사학위를 하는 것에 비해 절대로 뒤질 것이 없다. 오히려 실전의 박사가 되지 않을까?

회사에 공헌을 하면 할수록 더 중요하고 커다란 일들이 주어질 것이다. 당신에게 주어진 임무조차 제대로 하지 못한다면 과연 당신이 지금 당장 어느 회사의 중역이 되더라도 성공적으로 커다란 일을 맡을 수 있을까?

　당신의 능력만큼 일을 하게 되는 것이다.
　당신이 지금 하는 일의 크기가 당신의 크기인 것이다.
　그것이 작다고 불평하지 말고 더 노력을 해야 커다란 일이 주어지는 것이다.

　당신은 시간이 생기면 무엇을 만드는가?

　1.

　2.

　3.

　4.

　5.

… 창조적 타임블럭을 무너뜨리는 사람이 있다

무엇이든 시간을 함부로 써버리는 사람은 장기적인 목표보다 순간의 쾌감을 더 중요시한다.

열심히 돈을 벌어서 5개월 후에 하와이로 여행 간다는 계획이 잡히면 지금부터 여행지 탐색을 해야 하고 가서 해보고 싶은 것을 찾아보고 준비를 시작하게 된다.

미래의 계획이 오늘을 힘차게 만든다. 미래의 희망이 현재를 활기차게 바꾼다.

결국 미래에 무엇을 하고 싶은지 모르는 사람은 아무런 생각 없이 현재의 시간을 모두 써버리게 된다. 무엇이든 써버리는 사람은 돈도 써버리고 시간도 써버리는 사람이다. 돈도 모아야 할 이유가 없기 때문이다. 시간도 모아야 할 이유가 없기 때문이다. 그래서 미래의 가뱅은 시간관리를 하지 않는다. 반면에 미래의 부자는 시간관리를 하게 된다.

꿈이 없는 사람에게 돈과 시간을 줘봐야 다 낭비해버리고 만다. 결과는 뻔하다. 이기적인 유흥비로만 써버릴 테니까. 하늘은 자기 욕심만 있는 사람을 존경받는 부자로 만들지 않는다.

초등학교부터 고등학교까지 목표와 꿈을 갖고 피땀 흘려 공부한 사람은 명문대학교에 갈 수 있다. 물론 명문대학교가 그 사람이 반드시 성공할 거란 보장을 해주지는 않는다. 하지만 불성실하고 게으른 사람이 명문대학교를 합격하고 성공적으로 졸업하는 경우는 없다.

다음 이야기는 내 주장이 아니다. 대한민국 사람들은 유난히 학벌에 목숨을 건다. 왜 대한민국 사람들이 서울대, 연고대 출신들을 존중하고 비주류 대학 학생들을 무시할까? 일반적으로 성실한 사람들이 명문대에 가기 때문이다. 이러한 경향은 한국만이 그런 것이 아니라 전 세계가 똑같다. 당신은 서울대 출신의 의사선생님께 부모님을 맡기겠는가? 들어보지도 못한 대학 출신의 의사에게 부모님을 맡기겠는가?

시간만 생기면 무엇이든 아껴야 한다. 시간을 낭비하는 것이 가장 커다란 실수이다.

현재의 쾌락을 선택한 사람은 현재의 돈과 시간을 쾌락에 낭비한다. 미래의 성공을 선택한 사람은 현재의 돈과 시간을 공부에 투자한다.

··· 최고의 천재는 1등이 아니라 창조적 타임블럭을 쌓는 사람이다
천재는 인터넷게임을 만들고 둔재는 인터넷게임에 빠진다.

천재는 도박장을 만들고 둔재는 도박에만 빠진다.

천재는 창조에 시간을 쓰고 둔재는 중독에 시간을 쓴다.

천재는 무엇인가 만들어내는 사람이고
인재는 천재들을 돕는 사람이며
둔재는 아무것도 모른 채 그들을 먹여 살리는 사람이다.

천재는 인재를 채용하는 사람이고
인재는 천재를 위해 일하는 사람이며
둔재는 어디에도 뽑히지 않는 사람이다.

한글을 만든 세종대왕은 천재이다.
조선을 지킨 이순신은 천재이다.
비행기를 만든 라이트 형제는 천재들이다.
영화를 만든 에디슨은 천재이다.
영국의 셰익스피어도 천재이다.
칭기즈 칸도 천재이다.
알렉산더 대왕도 천재이다.
소크라테스도 천재이다.

천재들은 없는 것을 만들고 고객들은 열광적으로 구매한다.

천재들은 브랜드를 만들고 고객들은 브랜드에 푹 빠진다.

당신이 창조하는 이유는 선물을 드리기 위해서이다. 조앤 롤링은 자신의 아이를 위해 사랑의 동화를 썼다. 세상의 아이들을 생각하기 전에 먼저 자신의 아이만이라도 감동받을 소중한 동화를 썼다. 사랑하는 사람에게 드릴 선물로 창조한 것이다.

꿈을 영어로 Dream이라고 한다.
드림이라고 발음을 한다.
드림을 한글로 풀이하면 드린다는 뜻이다.
즉 꿈이란 무엇을 드릴 것인가 하는 것이다.
천재는 드림을 좋아한다.
천재는 드리는 것을 좋아한다.

다른 사람에게 그림을 보여주는 것
다른 사람에게 음악을 들려주는 것
다른 사람에게 발명을 선사하는 것
다른 사람에게 편리를 선물하는 것

창조는 선물을 드리는 것이다.

천재는 나쁜 것에 중독되는 것이 아니라 창조에 중독되는 것이다. 창조는 배움(input)과 창조(output)에 중독되는 것이다. 21세기의 천재는 합법적인 중독품을 만든다.

당신은 무엇에 중독되겠는가?

천재들이 만든 브랜드 및 제품을 적어보았다.

마이크로소프트 / 애플 / IBM / 골드만 삭스 / 맥도날드 / 피자헛 / 스타벅스 / 신세계 / 롯데 / 현대 / 삼성 / LG / SK / CNN / 야후 / 구글 / 조르지오 아르마니 / 던킨도너츠 / 폴로 / 코카콜라 / 나이키 / 아디다스 / 페라가모 / 크리스챤 디올 / 프라다 / 까르띠에 / 폴로 / 제냐 / 구찌 / 록렉스 / 루이 비통 / 발렌타인 / 월트디즈니 / 지브리 스튜디오 / Pixar / 블리자드 / 스타크래프트 / 크리스피크림도넛 / 보스스피커

Step 6

타임블럭을 쌓아야 할 이유들

TIME BLOCK

후회를 해본 사람만이
진정한 시간관리를 시작한다

오늘부터 할 수 있다.
어제보다 더 시간을 잘 쓸 수 있다.
어제보다 더 행복해질 수 있다.
어제보다 더 건강해질 수 있다.

우리 모두 나약하고 미숙한 존재이다.

왜 내가 그 사람에게 내 인생을 그렇게 낭비했지?
왜 내가 TV, 인터넷, 도박에 내 인생을 그렇게 허비했지?

어느 순간 모든 것이 허무하고 무의미하게 다가올 때가 있다. 왜 이렇게 내 인생을 낭비했을까 후회할 수 있다. 하지만 어떻게 보면 낭비된 시간은 하나도 없다. 무엇인가 배웠을 테니까. 무엇인가 느꼈을 테니까.

후회하는 바로 그 순간이 내가 다시 태어나는 순간이 아닐까?
후회하는 바로 그 순간이 나를 가장 사랑하는 순간이 아닐까?

어찌 보면 가장 행복한 순간은 내가 스스로 후회하는 시간을 갖는 것이다. 다시 태어나기 위해선 깊은 후회가 필요하다. 사무치는 후회를 해봐야 한다. 피눈물을 흘려봐야 한다. 가슴 아픈 상처를 입어봐야 사람이 된다. 실연으로 심장이 찢어져봐야 사랑을 배우게 된다. 지금까지 커다란 후회가 한 번도 없었다는 것은 그만큼 커다란 시도나 도전도 해보지 않았다는 것이다.

후회는 많이 해도 된다. 하지만 너무 많이 자책하진 마라.
반성은 깊이 해도 된다. 하지만 너무 오래 자학하진 마라.

반성은 깊이 하되 오래해서는 안 된다. 후회는 짧게 느끼고 후회 없는 행동을 오래해야 한다. 후회가 하나도 없는 삶은 원래 없다. 어떻게 보면 후회가 하나도 없는 삶이 바로 실패한 삶이 아닐까? 실패가 하나도 없는 삶이 바로 실패한 삶일지도 모른다. 너무나 효율적인 삶은 피곤할 뿐이다. 비효율적인 삶 속에 오히려 효율이 있기도 하다. 어떻게 자전거에서 넘어지지 않고 자전거를 잘 탈 수 있을까? 어떻게 실패 한 번 없이 바로 성공하려고 하나?

　실수도 하고 실패도 하지만
　후회도 하고 눈물도 나지만

　다시 결심하고 다시 도전하고
　다시 실천하고 다시 부딪히고
　다시 모험하고 다시 믿어보고

모든 것에 항상 이길 수도 없지만 모든 것에 항상 지는 것도 아니다. 어제 낭비한 시간이 가슴 아프지만 이제 제대로 시간을 써야겠다고 다짐하면 된다. 다시 도전하는 당신에겐 새로이 오늘의 24시간이 주어진다. 다시 용기 내는 당신에겐 새로이 오늘의 값진 하루가 주어진다. 이미 지나간 어제의 후회는 후회일 뿐이다. 거기서 깊이 반성하고 오늘부터 잘하면 된다. 365일 동안 빠짐없이 아침이 되면 태양이 하루를 알려준다. 태양은 영원한 알람시계가 아닐까? 우리가 태어나기 전에도 태양은 눈부시게 오늘을 밝혀주었다. 우리가 죽고 난 후에도 태양은 여전히 눈부신 오늘을 밝혀줄 것이다.

하루를 열심히 일한 사람은 마음도 편하게 푹 잘 수 있다. 하지만 하루를 게으르게 보낸 사람은 마음도 결코 편하지 않다. 그래서 점점 더 우울해지는 것이다. 하루를 늦게 시작하는 사람은 일어나면서부터 기분이 상한다. 아침 시간을 그만큼 낭비했다는 것을 본인 스스로도 알기 때문이다. 그래서 하루 빨리 아침에 일찍 일어나는 습관을 만들어야 한다. 아침을 정복해야 당신을 정복하게 된다. 당신을 승리하면 세상을 정복하게 된다. 98%의 시간관리의 책은 아침을 정복하라고 말하고 있다. 왜 그럴까? 왜 대부분의 시간관리 달인들이 아침형인간이 되라고 똑같은 말을 굳이 반복하고 있을까?

지금부터 당신은
어제보다 오늘 더 시간을 잘 쓸 수 있다.
어제보다 오늘 더 행복해질 수 있다.
어제보다 오늘 더 부자가 될 수 있다.

하지만 노력 없이는 아무것도 이루어지지 않는다. 아무런 대가 없이는 아무것도 만들어지지 않는다. 진심 어린 후회의 순간은 소중히 기억하고 마땅히 기록되어야 한다. 정말 성장하고 발전하는 순간은 밑바닥까지 내려가서 후회하는 순간이기 때문이다. 밑바닥까지 내려간 그 순간 때문에 당신은 정말 커다란 성공을 하게 될 것이다.

지금까지 살아오면서 당신이 가장 후회스러웠던 순간은 언제인가?
다시 그때로 돌아간다면 무엇을 다르게 선택하겠는가?

1.

2.

3.

4.

5.

TIME BLOCK
나쁜 꿈을 꾸는 사람, 좋은 꿈을 꾸는 사람

세상에는 다양한 사람들이 있다. 꿈이 있는 사람과 꿈도 없는 사람이 있다. 꿈을 꾸는 사람과 꿈도 꾸지 않는 사람이 있다. 하지만 꿈이라고 다 좋은 것은 아니다. 좋은 꿈을 꾸는 사람도 있지만 나쁜 꿈을 꾸는 사람도 많다.

더 많은 사람들에게 중독을 주려는 사람들이 있다.
더 많은 사람들에게 억압을 주려는 사람들이 있다.
더 많은 사람들에게 죽음을 주려는 사람들이 있다.

사기를 치고 사채를 하고 다른 사람의 돈을 뺏으려 하는 사람들이 있다. 선을 버리고 악을 선택한 사람이다. 그들은 작은 악인들이다. 물론 커다란 악인도 있다. 독재하에 자유를 뺏고 정권을 유지하려 하는 사람들도 있다. 국민들의 자유를 빼앗고 자기 가족들만을 위해 정권을 휘두른 사람들도 있다. 국민들은 굶겨 죽이면서 미사일만 만드는 사람도 있다.

더 많은 사람들에게 깨달음을 주려고 하는 사람들이 있다.
더 많은 사람들에게 편리함을 주려고 하는 사람들이 있다.
더 많은 사람들에게 놀라움을 주려고 하는 사람들도 있다.

따라서 꿈을 꿀 때는 좋은 꿈을 꾸어야 한다. 그리고 좋은 꿈을 키울 줄 알아야 한다. 좋은 꿈은 커질수록 더 많은 사람에게 그것을 전파할 수 있다.

좋은 가수의 노래는 아무리 말려도 입에서 입으로 전달이 된다. 박진영과 비는 자랑스러운 한국의 가수들이 아닐까? 한국을 넘어 세계를 흥분시키는 좋은 꿈을 꾸는 천재들이다. 그들을 응원한다.

좋은 영화도 마찬가지이다. 재미없는 영화는 금세 극장에서 사라진다. 좋은 영화는 누가 시키지 않아도 사람들이 입에서 입으로 전달되어 금세 전 세계로 퍼져나간다. 봉준호 감독과 박찬욱 감독을 응원한다.

맛있는 커피는 처음에는 동네에서 소문이 나고 조금 지나면 전국이 알게 되고 조금 더 지나면 전 세계가 알게 된다. 스타벅스가 그렇지 않나?

멋진 배우는 처음엔 학교에서 소문이 나고 조금 지나면 전국이 알게 되고 얼마 후엔 전 세계가 열광하게 된다. 배용준은 한때 한국을 넘어 일본의 열도를 흥분시켰었다.

멋진 책도 마찬가지이다. 해리 포터가 영국을 넘어 유럽을 건너 미국을 건너 한국은 물론 중국까지 퍼져나갔다.

커다란 꿈은 전 세계인을 대상으로 꿔야 한다. 당신은 지금 세계를 대상으로 어떤 꿈을 꾸고 있는가? 아니면 '내가 어떻게 감히'라고 생각하면서 두려움에 떨고 있는가? 결국 꿈의 크기가 그릇의 크기를 나타낸다. 당신의 그릇은 얼마나 큰가? 이왕이면 다른 사람들에게 기쁨을 주는 커다란 꿈을 꿔야 하지 않을까? 평생 꿈만 꾸는 사람은 결국 꿈에서 깨어나게 된다. 바로 죽음, 곧 당신에게 주어진 시간에 퇴장해야 할 때다.

당신의 꿈으로 세계를 담아라.

당신의 빛으로 세상을 밝혀라.

이제는 당신 차례다.
하고 싶다는 마음이 있다면 당신도 할 수 있다.

당신의 꿈이 무엇인지 표현할 수 있는가?

성공은 당신이 세운 목표를 당신의 힘으로 이루는 것이다. 그렇다면 당신의 꿈은 무엇인가?

가장 어려운 문제는 주관식이다. 정답 또한 없다.

많은 초등학생들이 말한다. 의사가 되고 싶다고. 변호사가 되고 싶다고. CEO가 되고 싶다고. 모두 대한민국 엄마에게 세뇌당한 아이들이다. 여기에서 말하는 꿈들은 모두 직업이다. 직업은 꿈이 아니다. 의사가 되면 꿈이 이루어지는 것인가? 유교사회에서 우리는 어려서부터 장래희망이나 꿈은 당연히 직책이나 직업이라고 교육받았다. 하지만 직업은 생존을 위한 수단일 뿐이다. 편하게 먹고살고 난후에 하고 싶은 것이 진정한 꿈이 아닐까? '무엇이 되고 싶다'라는 꿈보다 '살아 있는 동안 무엇을 해보고 싶은가'를 찾아야 한다. '얼마를 벌고 싶다'라는 꿈보다 '어떤 일을 하고 싶기 때문에 얼마가 필요하다'라는 꿈이 바람직하다.

지금 당장 꿈이 없다고 좌절할 필요도 없다. 어떻게 보면 끊임없이 꿈을 찾아가는 것이 인생이 아닐까? 어제 생각했던 꿈이 오늘 다른 것으로 바뀔 수도 있다. 중요한 것은 바뀔 때 바뀌더라도 꿈을 기록해놓아야 한다는 것이다. '현재 당신의 꿈이 무엇인가요?' 했을 때 자신에게만큼은 목표가 있어야 하지 않을까?

매일매일 바뀌라고 있는 것이 꿈이다.
끊임없이 찾으라고 있는 것이 꿈이다.
계속 만들고 고치라고 있는 것이 꿈이다.

당신의 꿈은 무엇인가? 먼저 나의 꿈들을 적어보았다.

※ 내가 해보고 싶은 것은?

1. 365일간의 세계일주
2. 그림 전시회
3. 게임 제작
4. 미국에서 출간하기
5. 영화 제작

※ 내가 가보고 싶은 곳은?

1. 이태리
2. 이집트
3. 브라질
4. 알래스카
5. 만리장성

※ 내가 오르고 싶은 산은?

1. 지리산
2. 백두산
3. 한라산
4. 후지산
5. 킬리만자로산

※ 내가 만나보고 싶은 사람은?

1. 미야자키 하야오
2. 성룡
3. 빌 게이츠
4. 워렌 버펫
5. 조지 루카스

※ 내가 배우고 싶은 운동은?

1. 소림권
2. 팔극권
3. 봉술
4. 주짓수
5. 골프

※ 내가 사고 싶은 것은?

1. 빌딩
2. 땅
3. 상가
4. 아파트
5. 요트

※ 내가 잘하고 싶은 언어는?

1. 일어
2. 중국어
3. 이태리어
4. 스페인어
5. 독어

※ 내가 기쁘게 하고 싶은 사람은?

1. 외할아버지
2. 아버지, 어머니
3. 여동생
4. 부인 (생기면)
5. 자식들 (생기면)

※ 내가 모으고 싶은 것은?

1. 책
2. 만화책
3. 영화
4. 음반 (mp3)
5. 사진 (내가 찍은)

※ 내가 타보고 싶은 것은?

1. 잠수함
2. 열기구
3. 제트기
4. 항공모함
5. 우주선

※ 내가 글로 써보고 싶은 것은?

1. SF소설
2. 사진일기
3. 영어소설
4. 로봇만화
5. 공포소설

※ 내가 배우고 싶은 것은?

1. 작곡
2. 수상스키
3. 골프
4. 비행기 조종술
5. 드럼

자, 이제 당신 차례입니다.

※ 당신이 해보고 싶은 것은?

1.

2.

3.

4.

5.

※ 당신이 가보고 싶은 곳은?

1.

2.

3.

4.

5.

※ 당신이 오르고 싶은 산은?

1.

2.

3.

4.

5.

※ 당신이 만나보고 싶은 사람은?

1.

2.

3.

4.

5.

※ 당신이 배우고 싶은 운동은?

1.

2.

3.

4.

5.

※ 당신이 사고 싶은 것은?

1.

2.

3.

4.

5.

※ 당신이 잘하고 싶은 언어는?

1.

2.

3.

4.

5.

※ 당신이 기쁘게 하고 싶은 사람은?

1.

2.

3.

4.

5.

※ 당신이 모으고 싶은 것은?

1.

2.

3.

4.

5.

※ 당신이 타보고 싶은 것은?

1.

2.

3.

4.

5.

※ 당신이 글로 써보고 싶은 것은?

1.

2.

3.

4.

5.

※ 당신이 배우고 싶은 것은?

1.

2.

3.

4.

5.

TIME BLOCK
세상에는 너무나도 꿈꿀 것이 많다

부족한 것이 없는 사람은 감사할 줄 모른다.
부족한 것이 없는 사람은 불평만 하게 된다.

부족한 것이 있는 사람이 조그만 것에도 감사할 줄 안다.
부족한 것이 많은 사람이 오히려 칭찬할 줄 안다.
감사할 줄 아는 사람이 진정으로 행복한 사람이다.

꿈이 없다고? 할 게 없다고?

눈으로 볼 수 있다는 게 얼마나 행복하단 말인가. 한국에서도 가보지 않은 여행지가 얼마나 많은가. 이 세상에 볼만한 전시회, 연극, 드라마, 영화가 얼마나 많은가. 당신이 대한민국에 태어난 것이 얼마나 다행스러운 일인가.

글을 읽을 수 있다는 게 얼마나 행복한 일인가. 재미난 책이 얼마나 많은가. 멋진 만화책이 얼마나 많은가. 글을 읽지 못하는 까막눈들이 많은 나라였지만 대한민국은 현재 얼마나 자랑스러운 나라가 되었는

가. 거지나라에서 부자나라가 되었다. 21세기의 기적 같은 나라가 되었다. 그런 나라에 우리가 살고 있다. 모든 분야에서 인정받고 있다. 지구의 한 작은 나라에서 이토록 커다란 인재들을 만드는 대단한 나라다. 글을 읽을 수 있어도 게으른 사람은 평생 문제집만 보다가 생을 마감하게 될 것이다.

 입으로 말할 수 있다는 건 또 얼마나 행복한가. 새로운 친구들을 사귈 수도 있다. 영어를 배워서 한비야처럼 전 세계 여행을 갈 수도 있다. 강연을 해서 수없이 많은 사람들 앞에서 떠들 수도 있다. 유머를 배워서 다른 사람들을 웃길 수도 있다. 노래를 불러서 다른 사람들을 감동시키고 눈물 흘리게 만들 수도 있다. 게으른 사람은 입이 있어도 밥 먹는 데만 쓰다가 끝을 보게 될 것이다.

 귀로 들을 수 있다는 게 얼마나 행복한가. 당신은 누구의 콘서트를 보러 가고 싶은가? 나는 한국에서 빌리 조엘, 이승철, 이적, 에픽하이, 김장훈의 콘서트를 갔다. 너무나 열정적인 그들의 모습을 보며 많이 많이 행복했다.

 손으로 무엇인가 그릴 수 있다는 게 얼마나 행복한가. 만일 당신에게 손이 없다면, 손으로 무엇인가 할 수 없게 된다면 얼마나 많은 것을 하고 싶을까? 조립식으로 만들 수 있는 것들이 많다. 도자기를 만들어본 적이 있는가? 보드게임, 인터넷게임, 카드게임, 윷놀이 등 손으로 할 수 있는 놀이들이 얼마나 많은가?

두 다리로 걸을 수 있다는 게 얼마나 행복한가. 당신은 어디로든 걸어서 구경 갈 수 있다. 당신은 한국의 어디어디를 여행해보았는가?

돈이 없는가?

건강하다는 게 얼마나 행복한가. 건강하면 무슨 일이건 할 수 있다. 세상의 많은 회사에 취직자리를 알아볼 수 있다. 내가 원하는 회사는 나를 떨어뜨린다고? 그럼 눈높이를 낮춰야 하지 않을까? 당신은 일을 하고 싶은 것인가, 아니면 유명한 회사에 가서 폼을 잡고 싶은 것인가. 폼을 잡고 싶은 사람은 당연히 할 일이 없어 보일 것이다. 이런 사람은 더 밑바닥으로 내려가야 한다. 거품이 빠져야 성공이 보인다.

어머니를 잃고서야 나는 깨달을 수 있었다. 하나밖에 없는 여동생이 얼마나 소중한지. 살아 계신 외할아버지가 얼마나 소중한지. 건강하신 아버지가 얼마나 소중한지. 아버지를 지켜주시는 새어머니가 얼마나 중요한지. 내 사랑하는 친구들이 얼마나 보석 같은 존재인지. 소중한 것을 잃고서야 더 행복해질 수 있었다. 어머니를 잃고서야 나는 더 감사하며 살게 되었다. 어머니를 잃어본 사람은 나를 이해할 수 있을 것이다.

정말 소중한 것을 잃어본 적이 있는가?

그전에 나는 불평불만의 인간이었다.
왜 우리 부모님은 이혼하셨을까?
왜 우리 부모님은 재벌이 아닐까?
왜 나는 키가 작을까?
왜 나는 잘생기지 못했을까?

한마디로 나는 바보였다.

… 이제는 감사합니다.
외할아버지께 감사합니다. 오늘의 저를 만들어주셔서.
아버지께 감사합니다. 아버지의 사랑으로 이렇게 성장하게 되어서.
어머니께 감사합니다. 30살까지 제 곁에 있어주셔서.
새어머니께 감사합니다. 저를 친자식 이상으로 사랑해주셔서.

행복의 진리는 감사하는 태도에서 온다는 것을 이제야 깨달았다.
성공 이전에 먼저 행복한 사람이 되어야 한다는 것을.

성공이 오건 말건 먼저 행복을 느끼는 사람이 되어야 한다.
성공이 오지 않아도 행복하면 되지 않나?
성공이 오면 행복해지려고 대기하고 있나?

그럼 성공이 오기 전에는 행복하지 않을 것이다.

자신의 현재를 감사할 줄 모르는 사람에게 절대 성공은 오지 않는다.
자신의 과거를 감사하지 않는 사람에게 행복은 오지 않는다.

그리고

지금의 당신을 먼저 사랑하지 않으면 결코 성공은 오래 머물지 않는다.
지금의 처지를 먼저 감사하지 않으면 결코 성공은 오래 머물지 않는다.
지금의 환경을 먼저 인정하지 않으면 결코 성공은 오래 머물지 않는다.

당신은 누구에게 감사하겠는가?

1.

2.

3.

4.

5.

6.

7.

8.

9.

10.

실천하지 않을 것이라면 처음부터 꿈을 꾸지 마라

꿈만 꾸다가는 인생을 허비하게 된다. 꿈에서 깨었을 땐 이미 늦어 버릴 수도 있다. 꿈에서 깨었을 땐 기회가 다 가버릴 수도 있다. 실천과 행동이 없는 사람은 결국 생각만 한다. 당신은 초능력자가 아니다. 생각만 한다고 이루어지는 것은 없다. 생각만 하지 말고 지금 당장 시작을 해야 한다. 무엇이든 시작을 하는 것이 가장 힘들다. 시작을 하기 위해서는 계획을 짜고 기록을 해야 한다. 언제 어디서 무엇을 어떻게 시작할지 결정해야 한다. 그리고 실천을 하기 위해 시간관리를 해야 한다. 실천 없는 시간관리는 단순한 노트정리일 뿐이다.

시간관리는 가이드라인이다. 시간관리 자체가 인생이 될 수는 없다. 행위, 실천, 행동, doing, working, action, activity, execution을 하기 위해 시간을 관리하는 것이다.

꿈은 dream이다. 그 꿈을 이루는 데 얼마가 걸리는지 기간(duration)이 나와야 하고, 언제 시작할지 날짜(date)를 정해야 한다. 또 일주일에 몇 번 할지 일정(intervals)을 정해야 한다.

꿈을 이루는 행동은 절대 화려하지 않다. 매일매일 반복된다. 그래서 대단히 지루하고 재미없을 수도 있다. 그렇기 때문에 좋아하는 일을 찾아야 하는 것이다. 그렇지 않으면 금방 질려버리고 만다. 운동을 싫어하는 사람에게 매일 5시간씩 운동하라고 하면 미쳐버릴 것이다. 거위의 꿈이 아니라 거북의 꿈을 꾸어야 한다.

성공에는 대단한 공식이 필요하지 않다.

1. 꿈을 기록할 종이와 펜
2. 꿈을 이룰 꺼지지 않는 열정
3. 건강한 신체
4. 황금 같은 시간

이것만 있으면 무엇이든 이룰 수 있다.

이제 계획을 짜야한다. 그리고 시작해야 한다. 또 반복해야 한다. 이룰 때까지 가야 한다. 꿈만 꾸지 말고 행동의 설계도를 그려야 한다. 지금까지는 생각만 했다면 이제 기록을 하고 실천을 해야 할 때가 왔다.

준비가 되셨는가?

당신 인생의 본격적인 시작이 다가왔다.

이제부터 당신을 혁명하라.

새로운 사람으로 태어나라.

무엇을 가장 바꾸고 싶은가?

1.

2.

3.

4.

5.

TIME BLOCK
지금부터 새로 시작하라

첫째, 선택을 해야 한다.

어떤 산을 오를지 선택을 해야 한다. 이제는 더 늦기 전에 결정을 해야 한다. 어떤 꿈을 이루고 싶은지 목표를 선택해야 한다. 목표가 없는 사람이 성공했다는 이야기는 아직 들어본 적이 없다.

노력 없는 성공은 성공이 아니다.
대가 없는 성공은 성공이 아니다.

꿈을 선택한다는 것은 성공을 선택하는 것과 같다. 실패하기 위해 꿈을 꾸는 사람은 없다. 성공하기 위해 목표를 설정하는 것이다.

나도 성공을 하고 싶다, 나도 성공을 해야겠다는 선택을 해야 한다.

둘째, 결심을 해야 한다.

결심은 나와의 다짐이며 약속이다. 나쁜 습관을 없애고 좋은 습관을 만들겠다는 결심을 해야 한다. 어제보다 나은 오늘을 만들고 싶다는 결심을 해야 한다. 오늘보다 나은 내일을 만들겠다는 지독한 약속을 세상에서 가장 소중한 당신과 하는 것이다.

셋째, 계획을 만들어야 한다.
천릿길도 한걸음부터이며, 시작이 반이다.
어떻게 산을 오를 것인가?
어떤 길로 등산을 할 것인가?
어떤 신발과 옷을 입을 것인가?
몇 시에 시작할 것인가?
몇 시까지 내려올 것인가?
꼭대기에서 무엇을 할 것인가?
등산도 여행이다.
여행을 하듯 계획을 짜야 한다.

넷째, 전투를 해야 한다.
계획이 완성되면 곧 격전의 순간이 다가온다. 이제 세상에서 가장 게으르고 통제가 불가능한 당신과 전쟁을 하는 것이다.

하루에 10시간씩 공부하는 당신을 검거할 사람은 이 세상에 아무도 없다. 당신이 12시간씩 일한다고 고소할 사람은 당신 회사에 아무도 없다. 몸짱이 되겠다고 생각만 하면 안 된다. 먹고 싶은 것을 먹지 않아야 한다. 하루하루 보이지 않는 전투를 당신 스스로 해야 한다.

이 세상에서 당신의 성공을 방해하는 유일한 사람은 바로 당신이다.
이 세상에서 가장 게으르고 나태한 사람은 바로 당신이다.
당신은 그 사실을 알면서도 그냥 내버려두는 약한 사람이었다.
하지만 오늘부터 달라질 수 있다.
오늘부터 달라져야 한다.

용기를 내어야 한다.
용기는 용의 기운이다. 즉 Dragon Power! 하늘을 나는 용의 기운이다.
당신은 이미 온몸에 용의 기운을 갖고 있다.
그러니 나약하고 게으르고 약아빠진 당신의 게으름을 깨버려야 한다.

다섯째, 승리를 해야 한다.

전투만 한다고 해서 반드시 이기는 것은 아니다. 자신과의 전투에서 사람들은 대부분 패한다. 성공한 사람은 확실하게 자신을 이긴 사람들이다. 패배한 사람은 자신도 이기지 못한 사람들이다. 자기 자신조차 제대로 통제하지 못하는데 과연 무엇을 제대로 할 수 있을까?

자신을 이기기 힘들다면 커다란 꿈은 아예 버려라. 그것이 아예 속 편하다.

커다란 성공을 바라는 것도 포기하라. 그것이 더 편안하다.

하지도 않을 거면서 괜히 스스로 스트레스만 주지 마라.

기왕 전투를 한다면 완벽하게 KO승리를 해야 한다. 당신을 완벽하게 이기는 것이 진정한 성공이다. 당신을 이기면 세상이 당신에게 박수를 칠 것이다.

극진가라데를 만든 최배달도 그런 사람이었다. 4편의 영화로 불멸의 사나이가 된 이소룡도 그런 사람이었다. 글도 못 배웠지만 전 세계를 누비는 성룡도 마찬가지이다. 대학교를 중퇴한 스티븐 스필버그도 그랬으며 평생 8만여 점의 그림을 완성한 피카소도 그런 사람이다. 학교도 나오지 않은 에디슨도 그런 사람이다.

우리는 명문대 졸업생을 존경하지 않는다. 돈만 많은 부자도 존경하지 않는다. 복권당첨 된 사람을 존경하나? 그들은 대부분 소리 소문 없이 사라진다. 한국에서 복권이 당첨되면 한국을 떠나 다른 나라로 가기도 한다.

우리는 어려운 환경을 이겨내고 자신을 완벽하게 이긴 사람들을 존경한다. 우리가 존경하는 모든 사람들은 자신을 이긴 사람들이다. 우리는 태어날 때부터 돈 많은 사람을 존경하지 않는다. 어떠한 악조건에서도 자신을 이긴 사람을 존경한다.

오늘부터 달라지는 것은 당신의 선택이다. 지금부터 당신은 당신을 완벽하게 이길 때까지 물러나지 말아야 한다. 어제의 나와 결별하는 것은 당신의 결심이 없이는 불가능하다.

반드시 발전하겠다.
반드시 이겨버리겠다.
목표를 반드시 이루겠다고 큰 소리로 말하라. 거울을 보고 당신의 지상 최대의 적을 향해 한마디 날려버려라.

반드시 나쁜 습관을 없애버리겠다.
당신의 비장한 각오를 직접 들려주어라.
당신의 적은 분명 당신 안에 존재하고 있다.

당신의 나쁜 습관은 무엇인가?

Step 7

타임블럭 어떻게 시작할 것인가?

TIME BLOCK

먼저 당신부터 감동시켜라

한 사람을 감동시키면 백만 명을 감동시킬 수 있다. 하지만 한 사람도 제대로 감동시키지 못한다면 이 세상에서 아무도 감동시킬 수 없다.

숙제를 주어진 시간에 늦지 않게 내는 것은 선생님이나 교수님과의 약속을 지키는 것이다. 주어진 프로젝트를 시간에 맞추어 완성시키는 것은 회사나 상사와의 약속을 지키는 것이다. 당신에게 주어진 숙제는 대충할 것이 아니라 마치 이것이 당신의 마지막 숙제인양 감동적으로 만들어야 한다. 당신은 스스로가 완성한 숙제를 보고 눈물을 쏟아야 한다. 질이 좋아야 한다는 것이다.

숙제는 당연히 해야 하는 일이다. 하지만 단순히 선생님과의 시간 약속을 지키는 것을 넘어서야 한다. 먼저 당신을 감동시킨 다음엔 숙제를 단지 약속시간에 제출하는 것만이 아니라 선생님이 숙제를 받고 눈물을 쏟게 만들어야 한다. '아! 이런 학생을 만나다니 난 정말 선생님이 잘되었어'라는 생각이 들게 만들어야 한다.

결국 감동시키는 사람이 성공하게 되는 것은 진리가 아닐까?
가수 조용필이나 나훈아 선생님이 그렇게 인기가 많은 것은 무엇일까. 단순히 노래를 잘 부르는 가수를 뛰어넘어 감동이 전해지기 때문이다. 소문난 음식점은 단지 돈을 받고 음식을 만들어 파는 것이 아니라 손님이 감동을 받기 때문에 다시 찾아가는 것이다.

감동은 단순한 거래가 아니라 최소 두 사람의 마음이 움직이는 순간이 있기에 가능하다.

사랑으로 다른 사람을 감동시킨 적이 있다면 당신은 사랑을 정말 잘하는 사람이다.
음식으로 다른 사람을 감동시킨 적이 있다면 당신은 요리를 정말 잘하는 사람이다.
노래로 다른 사람을 감동시킨 적이 있다면 당신은 노래를 정말 잘하는 사람이다.
연설로 다른 사람을 감동시킨 적이 있다면 당신은 말을 정말 잘하는 사람이다.

　의술로 다른 사람을 감동시킨 적이 있다면 당신은 의학을 정말 잘하는 사람이다.

　지금까지 당신에게 스스로 감동스러웠던 순간은 어떤 순간이었는가?

　1.

　2.

　3.

　4.

　5.

지금까지 당신을 감동시켰던 사람들은 어떤 사람이었는가?

1.

2.

3.

4.

5.

T I M E B L O C K

당신 가족부터 감동시켜라

　당신이 학생이라면 당신의 첫 번째 고객은 당신이다. 그리고 두 번째 고객은 부모님이다. 세 번째 고객은 선생님이다. 네 번째 고객은 친구들이다. 무엇을 하건 고객들에게 만족을 넘어 감동을 느끼게 해야 한다. 당신 고객의 눈에서 눈물을 쏟게 하라.

당신이 직원이라면 당신의 첫 번째 고객은 당신의 회사이다. 먼저 당신의 상사와 동료 직원을 감동시켜라. 그리고 당신의 회사의 거래처가 두 번째 고객이다. 그분들도 감동시켜 눈물범벅으로 만들어버려라.

당신이 가장이라면 당신의 고객은 부인이다. 그리고 당신의 자녀들이다. 그리고 당신의 부모님들이다. 부인과 자녀들을 감동시켜라. 당신 없이는 눈물콧물로 온 얼굴을 덮도록 만들어라.

결국 당신이 태어나 가장 감동시켜야 할 사람들은 당신과 가장 가까운 사람들이다.

당신이 20대라면 먼저 당신의 여자친구 혹은 남자친구를 감동시켜라. 다른 사람을 감동시키면 서비스마인드도 배우게 된다. 남자친구도 여자친구도 감동시키지 못한다면 사회에 나와서 누구를 감동시키겠다는 것인가?

먼저 당신의 남편을 감동시켜라. 남편 하나 감동시킬 자신감이 없었다면 왜 결혼을 했는가?
먼저 부인을 감동시켜라. 부인 하나 감동시키지 못하면 남자도 아니다.

며느리 한 명 감동 못 시키면서 어떻게 시어머니가 되려고 하는가?

장인, 장모조차 감동 못 시키면서 어떻게 회사의 CEO가 되려고 하는가?

당신의 아버지를 감동시켜라.
그것이 진정한 성공이다.
아버지조차 감동 못 시키면서 무슨 성공을 하려고 하는가?

당신의 어머니를 감동시켜라.
돈만 버는 것이 성공이 아니다.
사랑으로 감동시키는 것이 우리의 삶의 목적이 아닐까?

당신의 아이들을 감동시켜라.
아이들조차 감동 못 시키면서 어떻게 세상을 감동시킬 수 있겠는가?

매일 몇 명을 감동시키고 있는가?
지금부터 당신은 앞으로 더 많은 사람을 감동시킬 수 있다. 감동이 없는 곳에는 성공도 없다.

먼저 당신부터 모든 것에서 감동하라.
당신이 먼저 다른 사람에게 감동하라.

먼저 당신의 가족을 감동시켜라.

먼저 당신의 친구를 감동시켜라.

다른 사람을 감동시키라고 당신에게 주어진 것이 바로 시간이다. 시간은 그냥 주어진 것이 아니다. 그냥 써버리라고 공짜로 받은 것이 아니다.

아무도 감동시키지 못하면 모두를 실망시킬 것이다.
이제부터 눈물콧물, 감동의 시간을 준비하라.

더 늦기 전에 이제부터라도 시작하라.
최고의 시간을 만들어주어라.

지금까지 당신이 감동시켰던 사람들은 어떻게 감동시켰는가?

1.

2.

3.

4.

5.

감동의 시간을 드리는 사람이 되어라

이제 시간이 다 되었다. 이별의 시간이 왔다. 슬프겠지만 어쩔 수 없다. 당신은 이제 떠나야 한다. 과거의 당신과 결별해야 하는 순간이 왔다. 더 이상 이렇게 살 수는 없다. 이제 새로이 태어나야 한다.

이제부터 당신은 어제의 당신과 헤어진다. 어제와 당신으로부터 떠나간다. 완벽하게 승리하는 다른 사람으로 태어나는 것이다. 지금부터 당신은 완벽하게 변화한다. 플러스 에너지의 화신이 된다.

당신의 가족과 친구는 물론 당신 삶에 들어오는 모든 사람들에게 감동의 시간을 주는 이 세상에 하나밖에 없는 천재이다. 역사 속의 단 한 명밖에 없는 우리에게 너무나 소중한 당신이다.

당신은 어떠한 뼈를 깎는 아픔도 이겨낸다.

당신은 당신의 게으름을 멸할 것이다. 게으름을 잡아 없애는 용기의 사람이 된다. 당신의 게으름과 걱정과 두려움을 엄하게 다스릴 것이다. 시간을 황금처럼 아끼고 돈을 피처럼 소중하게 여기며 계속 발전하는 인간발전소가 된다.

지금부터 새로 태어난다.

지금부터 시간은 기체가 아니라 고체이고 당신에겐 벽돌이다. 하나하나 쌓아 올릴 벽돌이다.

당신은 멋진 성주가 될 것이다. 그리고 커다란 부를 쌓고 많은 사람들에게 은혜를 베풀 것이다. 그것이 당신이 태어난 이유이다. 그동안 잊고 살았다. 그동안 잠시 한눈을 팔았다.

이제 다음 페이지를 넘기는 순간 당신은 새로운 당신으로 태어난다. 이제 넘기십시오.

… 죽어서도 감동을 주는 사람이 되어라
영원히 감동을 주는 천재가 되어라

레오나르도 다빈치처럼 / 모차르트처럼 / 이순신처럼 / 세종대왕처럼

그들을 우러러보기 위해서 태어난 것이 아니라 당신도 그들처럼 되

기 위해 태어났다.
 당신에겐 당신이 생각하는 힘 이상의 가공할 파워가 이미 존재하고 있다.

 우리는 당신을 기다리겠다.
 당신이 깜짝 놀라게 해줄 선물을 지금부터 기다리겠다.

 포기하지 마시라.

 우리는 당신의 천재성으로 감동받을 것이다.
 우리는 당신의 뛰어남으로 감동받을 것이다.

 당신의 노력으로 우리는 눈물 흘릴 것이다.
 당신의 창조물로 우리는 눈물 흘릴 것이다.

 당신과 이 땅에 같이 태어난 것만으로도 감사하다.
 영국인들이 인도와도 셰익스피어를 바꾸지 않은 것처럼
 우리는 당신이 너무나 자랑스러울 것이다.

 노래도 좋습니다.
 영화도 좋습니다.
 발명품도 좋습니다.

춤도 좋습니다.
그림도 좋습니다.
기술도 좋습니다.

이 세상엔
이기적인 사람은 이미 너무나 많습니다.
범죄자도 이미 너무나 많습니다.
배신자도 이미 너무나 많습니다.
악인도 너무 많습니다.

세상을 밝혀주세요.
당신을 믿습니다.
당신을 응원합니다.
언제까지나 당신을 기다리겠습니다.

… 우리는 감동받기 위해 태어난 사람,
　당신은 감동 주기 위해 태어난 사람

가장 감동 깊었던 것들로 무엇이 있었는가?

가장 감명 깊게 읽은 책

1.

2.

3.

4.

5.

가장 감명 깊게 본 영화

1.

2.

3.

4.

5.

가장 존경하는 인물

1.

2.

3.

4.

5.

지금까지 가장 감명 깊었던 여행지

1.

2.

3.

4.

5.

가장 좋아하는 가수

1.

2.

3.

4.

5.

가장 감명 깊었던 공연

1.

2.

3.

4.

5.

가장 감동했던 음식

1.

2.

3.

4.

5.

가장 눈물을 많이 흘렸던 순간

1.

2.

3.

4.

5.

• 에필로그

당신의 시간 자체가 운명이다.
누구와 가장 많은 시간을 보낼지 결정하는 것이 결혼이다.
어떤 일에 가장 많은 시간을 보낼지 결정하는 것이 당신의 직업이다.

누구와 무엇을 할 것인가? 우리는 결정해야만 한다. 어렸을 때는 어떤 친구와 무엇을 하며 놀지, 커서는 어떤 직업을 결정하는 것도 선택이다. 결혼을 하는 것도 누구와 살지를 결정하고 선택하는 것이다. 선택의 이유는 당신이 어린 시절 어디에 시간을 썼는지가 많은 부분 결정하게 된다. 어떤 사람들과 얼마나 많은 시간을 보냈는지가 당신의 운명을 결정한다.

타임블럭은 시간을 대하는 사고방식과 관점의 변화이다. 이제 스마트폰을 통해 모든 것이 빅데이터로 남는 시대가 되었다. 갓난아기가 태어나서부터 죽을 때까지 무엇을 먹고 몇 번 화장실을 가고 잠자는 시간부터 깨어나서 움직이는 시간까지 모두 데이터화가 될 것이다. 자신의 시간부터 공부해야 한다. 똑같이 되풀이되고 반복되는 패턴 속에 자신의 장점과 약점을 발견하게 되면 장점은 살리고 약점은 줄일 수 있다.

시간은 전략이다. 전략이 없는 사람은 시간을 낭비하며 아무런 목표도 없이 게을리 살다가 삶이 끝난다. 아무것도 이루지 못하고 경험하지 못한다.

시간은 목표와 꿈이 있는 사람에게 필요한 자원이다. 기술의 발전은 사람으로 하여금 더 인간답고 효율적인 삶을 살게 해줄 것이다. 불필요한 일이 아닌 더 생산적이고 더 창조적인 일들에 집중하게 해줄 것이다.

타임블럭은 긍정의 무기이다. 당신은 타임블럭을 통해 미래에 대한 무한한 긍정과 희망을 갖게 될 것이다. 개인에게 주어진 시간은 유한하지만 그 유한적인 요소 때문에 우리는 매 순간을 감사하며 살아야 한다는 것을 깨닫게 될 것이다.

타임블럭을 통해 대략 언제 자신의 삶이 끝날지도 미래예측을 하게 될 것이다. 자신의 끝이 언제쯤이 될지를 안다는 것은 현명함의 시작이다. 영원히 사는 것이 아니라 유한한 삶 속에 누구와 무엇을 할지, 어디에 집중을 할지 선택하는 것! 즉 선택의 연속이야말로 삶이 아닐까?

자신의 시간을 해부해봐야 어디에 문제가 있는지 알게 된다. 타임블럭을 통해 자신의 삶을 재조명해보기 바란다. 누구와 무엇을 하고 있는지, 그리고 지금 당신이 진정 행복한지.

타임블럭은 단순한 시간계획의 변화가 아니라 당신만의 꿈을 찾고 삶의 축을 바꾸는 것을 돕는다.

삶을 바꾸려면 시간을 대하는 태도가 변화해야 한다. 타임블럭을 통해 시간의 원리를 깨닫고 내가 그냥 아무렇게나 태어난 것이 아니라 분명한 이유를 갖고 태어났다는 것을 인지하고 그 이유를 위해 나 혼자가 아닌 누군가와 협력을 해야 한다는 것을 깨달아야 한다. 그 협업 속에서 우리는 나와 다른 사람들과의 마찰을 통해 다듬어지고 더 성숙하게 자랄 것이다.

삶은 아름다우며 시간은 우리에게 주어진 너무나 소중한 자원이다. 생산적인 삶에만 집중하는 것이 아니라 감동을 주는 사람이 되어 더 많은 사람을 사랑하고 진실한 인생을 사는, 묵묵히 자신만의 꿈을 위해 달려가는 위대한 인간 모두에게 타임블럭을 바친다. 또 다른 후세의 다른 후배들이 타임블럭의 개념을 더 발전시켜 인류에게 도움이 되는 시간관리의 원리를 확장하기 바란다.

하버드 동상 앞에서

켄트 김

• 참고문헌

1. 아침형인간, 사이쇼 히로시, 한스미디어
2. 아침을 여는 3분 성공체크, 나리카와 도요히코, 더난출판
3. 성공을 부르는 작은 습관 3분 일기, 이마무라 사토루, 랜덤하우스
4. 시간의 연금술, 니시타니 야스토, 갑을패
5. 아침 5분의 여유가 인생을 결정한다, 아놀드 베네트, 느낌이 있는 책
6. 벤자민 프랭클린 자서전, 벤자민 프랭클린, 김영사
7. 성공하는 사람들의 일곱 가지 습관, 스티븐코비, 김영사
8. 24시간 사용백서, 사이토 시게타, 동해출판
9. 잠자기 전 30분, 다카시마 데쓰지, 티즈맵
10. 성공한 사람들의 시간관리습관, 퀸튼 신들러, 문장
11. 자신을 위해 돈을 써라, 나카타니 아키히로, 창해
12. 행복한 인생을 만드는 28일 시간관리, 요하네스 M. 휘거, 들녘
13. 연금술, 조지 사무엘 클락슨
14. 스물일곱 이건희 회장, 이지성
15. 공부하는 독종이 살아남는다, 이시형
16. Time Power, Brian Tracy
17. 1%의 영감을 깨우는 에디슨의 메모, 하마다 가즈유키
18. 시간을 2배로 활용하는 기술, 고이시 유이치, 시아출판사
19. 시간관리 tip 120, 로빈 피어스, 랜덤하우스 중앙
20. Harvard Business Essentials Time Management, 하버드 경영대학원

21. 성공을 바인딩하라, 강규형, 지식의 날개
22. 사는 동안 버려야 할 60가지 나쁜 습관, 뤼슈츈, 정민 미디어
23. Law of Success, 나폴레옹 힐
24. 시간에 강한 사람이 성공한다, 나카타니 아키히로, 창해
25. 타임에셋, 혼다 나오유키, 청조사
26. 퇴근 후 3시간, 니시무라 아키라, 해바라기
27. A4, 1장으로 끝내는 업무기술, 미키 다케노부, 21세기북스
28. 시간, 도요타처럼 아끼고 닛산처럼 써라, 나츠카와 가오, 이손
29. 잠들기 전 10분이 나의 내일을 결정한다, 한근태, 랜덤하우스
30. 그 서류 어디 있지? 미쓰하시 시즈코, 새로운 제안
31. 30분을 잡아라, 사사키 가오리, 중앙 Books
32. 시간도둑 퇴치법, 사이토이사무, 더난출판
33. 천재반을 위한 Time Management, Jeffrey J. Mayer, Mayer
34. 담배, 돈을 피워라, 타라 파커-포프, 코기토출판사
35. 책속의 책 1, 폴 임, 우리문학사
36. 책속의 책 2, 폴 임, 우리문학사
37. 책속의 책 3, 폴 임, 우리문학사
38. 자투리 시간이 인생을 바꾼다, 와다 히데키, 생각의 나무
39. The Biology of Success by Robert Arnot, M. D.
40. 주말 104일의 혁명, 이내화, 21세기북스
41. 마법의 생체시계, 마이클 스몰렌스키, 린 램버그, 북뱅크